W0187551

GÜTERSDIE
LOHERVISION
VERLAGSEINER
HAUSNEUENWELT

Norbert Fink

Hallo Welt, hier Kirche

Von einem, der auszog,
den Glauben zu rocken

GÜTERSDIE
LOHERVISION
VERLAGSEINER
HAUSNEUENWELT

INHALT

Vorwort 6

1. Gott
oder: Gut, dass wenigstens einer einen Plan hat 11

2. Daniela Katzenberger
oder: Von der Liebe Gottes zur besten Sendezeit .. 29

3. Franziskus
oder: Es lohnt sich, den Papst keinen guten Mann
sein zu lassen 55

4. Die Fantastischen Vier
oder: Vom Mut, kreativ zu sein 73

5. Jesus
oder: Den dritten Weg finden, wenn es nur rechts
oder links zu gehen scheint 91

6. Frère Roger
oder: Auf der Suche nach einer Gemeinschaft,
die trägt 111

7. Der Mann im Gefängnis
oder: Von Vorbildern und dem, was dich prägt 127

8. Elvis Presley
oder: Priester sind auch nur Menschen 149

9. Paulus
oder: Keine Angst vor großen Sämaschinen 161

10. Mr. Keating
oder: Wenn Gott dir im Kino begegnet 177

11. Irena Fink
oder: Christen dürfen beides, trauern und hoffen ... 201

Nachwort 220

VORWORT

»Mit Hüftschwung und Halleluja«, »Bist du jeck? – Nein, katholisch«, »Rap, Gott und Rock'n'Roll« – drei Ideen, wie dieses Buch hätte heißen können. Doch alle drei hätten letzten Endes zu kurz gegriffen. Ja, ich bin katholischer Priester, ich bin Elvis-Fan und ich rappe. Aber dieses Buch ist keine Biografie. Es heißt »Hallo Welt, hier Kirche«, weil ich die wunderbarste Botschaft der Welt verkünden möchte: Gott ist da – heute! Und er liebt dich – immer!

Ein frommes Buch also? Es geht um Berufung und Gebet, um Jesus und Gemeinschaft im Glauben ... von daher: ja! Aber es geht auch um den Mut, kreativ zu sein, um Vorbilder im Leben, um Facebook und Filme ... von daher: nein! Kirche und Welt, das sind für mich keine Gegensätze. Wenn Kirche mitten unter den Menschen ist, ist sie da, wo sie hingehört. Immer wieder versuche ich als Priester und als Mensch (auch das ist kein Gegensatz), auf den ersten Blick Unvereinbares miteinander zu vereinbaren. Dass das auch für dieses Buch gilt, zeigt schon ein Blick ins Inhaltsverzeichnis. Anders ließe sich das Nebeneinander von Papst Franziskus und den Fantastischen Vier, von Daniela Katzenberger und dem Apostel Paulus kaum erklären.

Ich möchte mit diesem Buch zeigen, dass es sich als gläubiger Christ im 21. Jahrhundert wunderbar leben lässt, dass man als »moderner Mensch« sogar hervorragend katholisch sein kann und dass Kirchenmänner nicht alle lebensfremd und alt sind, immer nur beten und keine Ahnung haben von Fußball und Frauen (zugegeben: als Jugendlicher war das auch meine Vorstellung).

Dabei geht es mir weniger um die Institution Kirche, sondern vor allem darum, dass der Einzelne eine Beziehung zu Gott hat. Ich möchte Mut machen, Gott zu suchen, ihm zu vertrauen und mit ihm zu leben.

Ich schreibe in diesem Buch unter anderem über meine Elvis-Leidenschaft und meine Rap-Videos, über meine Berufung und meine Vorbilder, über meine Entdeckung von Taizé und über den Tod meiner Mutter. »Hallo Welt, hier Kirche« ist in diesem Sinne ein sehr persönliches Buch, aber es ist kein: »Hallo Welt, hier ich«. Wann immer ich über mich schreibe – über Erfahrungen, die ich gemacht habe, über das, was ich glaube, oder das, wie ich lebe –, gebe ich nur Beispiele. Denn ich bin überzeugt davon, dass Glaube immer durch Personen vermittelt wird. Dabei geht es weniger um »Glaubenswissen« als vielmehr um die Lust daran, selbst mit Gott in Beziehung zu treten. Diese Lust kann jeder wecken: Omas und Opas, Mütter und Väter, (Ehe-)Partner, Freunde und Arbeitskollegen, … dazu braucht man keine Weihe! Aber für uns Priester und Diakone, Ordensleute und alle Frauen und Männer im kirchlichen Dienst gilt der Auftrag natürlich erst recht: Wir sollen Lust machen auf Gott und andere für den Glauben begeistern! Nicht, indem wir allgemeine Glaubenswahrheiten verkünden, sondern indem wir andere daran teilhaben lassen, wie wir mit Gott leben, was uns bewegt, was wir hoffen und glauben, was uns stark macht und auch, was uns schwächt, woran wir zweifeln und womit wir uns schwertun.

Ein ganz klein wenig muss ich dafür weiter ausholen und im ersten Kapitel zunächst erzählen, wie ich dazu gekommen bin, Priester zu werden – schließlich ist diese Berufung die Grundlage alles Folgenden. Bitte also keine Angst haben, wenn nach den ersten zehn Seiten der Eindruck aufkommt, eine »Fink-Biografie« gekauft zu haben …

es wird sich schnell herausstellen, dass die Frage nach Gottes Plan fürs eigene Leben nicht nur für Priesteramtsanwärter relevant ist.

Bei allem, worüber ich schreibe, gilt: Weder habe ich die Weisheit mit Löffeln gefressen noch die Wahrheit gepachtet. Mein Weg ist mein Weg und muss keineswegs für alle der richtige sein. Wie der Religionsphilosoph Martin Buber es so treffend formuliert hat: »Alle Menschen haben Zugang zu Gott, aber jeder einen anderen.« Indem ich von meinem Weg berichte, möchte ich andere ermuntern, ihren Weg zu suchen und zu gehen. Nicht jeder braucht nach Taizé zu fahren, aber ich fände es schön, wenn jeder nach Orten suchen würde, wo er Gemeinschaft im Glauben erfahren kann. Nicht jeder braucht in Kinofilmen nach religiösen Motiven zu suchen, aber es wäre toll, wenn jeder dafür offen wäre, Gottes Spuren auch dort zu entdecken, wo er sie nicht unmittelbar erwartet. Nicht jeder braucht Priester zu werden, aber ich würde mir wünschen, dass jeder sich die Frage stellt: »Wozu bin ich berufen?« Und nicht jeder Priester braucht zu rappen, aber es wäre schön, wenn jeder überlegen würde, wie er neue Wege der Verkündigung gehen kann.

Denn Jesu Auftrag lautet: »Geht hinaus in die ganze Welt, und verkündet das Evangelium allen Geschöpfen!« (Markus 16,15) Das kann doch nicht heißen: Gehet hin und verkündet das Evangelium nur denen, die sonntags in die Messe kommen. Und auch nicht: Gehet hin und verkündet das Evangelium – aber nur in den Momenten, in denen ihr einen Priesterkragen tragt. Wer von der Frohen Botschaft begeistert ist, darf sich nicht in den Kirchen, Sakristeien, Pfarrhäusern und -heimen verstecken, sondern muss dahin gehen, wo die Menschen sind. Er muss auf die zugehen, die eher auf YouTube als auf der

Vatikan-Website surfen. Die, die lieber Rap, Rock oder Pop hören als Choräle und Orgel-Werke. Die, die lieber ins Kino gehen als in die Kirche. Die, die eher Daniela Katzenberger auf RTL II gucken als religiöse Dokus auf Bibel TV.

Dieses Buch ist für euch! Es ist für alle! Bitte also nicht wundern, wenn ich an der einen oder anderen Stelle vermeintliche Selbstverständlichkeiten erkläre. Wenn ich also zum Beispiel davon schreibe, dass Medien mir helfen, die Frohe Botschaft auszusäen, ohne dass ich weiß, auf welchen Grund sie fällt, werden »gut christlich« sozialisierte Leser sofort an das biblische Gleichnis vom Sämann denken. Da dieses Buch aber ausdrücklich nicht nur für religiöse Insider ist, habe ich das Gleichnis in voller Länge zitiert. Umgekehrt gilt, dass mancher vielleicht die Augen verdreht, wenn ich englische Liedtexte ins Deutsche übersetze oder erkläre, was es mit dem Liken und Teilen und Kommentieren bei Facebook auf sich hat. Diesen Lesern sei gesagt: Nicht jeder spricht Englisch und für einige meiner Mitbrüder zum Beispiel (und auch an die wende ich mich mit diesem Buch, sozusagen im titelumgekehrten Sinne »Hallo Kirche, hier Welt!«) sind Facebook & Co. Neuland.

Ich wünsche allen, die dieses Buch lesen, dass sie sich gut unterhalten fühlen und dass sie Lust bekommen, Gott in ihr Leben zu lassen. Gott ist die Liebe! Er will, dass wir das Leben in Fülle haben. Egal, was in unserem Leben schiefläuft, was wir selbst verbockt oder andere uns kaputt gemacht haben: Gott hält uns, Gott trägt uns, Gott liebt uns, Gott vergibt uns! Er ist ein Gott der Möglichkeiten. Nutzen wir sie!

Norbert Fink

Priesterweihe im Kölner Dom am 27. Juni 2003 durch Kardinal Joachim Meisner.
© privat

GOTT

oder: Gut, dass wenigstens einer einen Plan hat

1

Es sind bloß zwei kleine Strichmännchen-Bilder, aber beim Betrachten muss ich immer wieder schmunzeln: Auf Bild eins sitzt das Männchen auf einem Fahrrad, vor sich eine gerade Linie, an deren Ende eine große Zielflagge. Auch auf Bild zwei sitzt das Männchen auf einem Fahrrad, vor sich ein ständiges Auf und Ab, Steine, die im Weg liegen, eine Hängebrücke, die es zu überqueren gilt, ein See mit einem Boot und einer anderen

Person darin, eine Wolke, aus der es heftig regnet, und immer wieder auf den Höhen dieser Berg- und Talfahrt kleine Etappenziel-Flaggen. Die Überschriften der Bilder:»Dein Plan« und»Gottes Plan«. Warum kompliziert, wenn es auch einfach geht? Oder in den Worten des Apostels Paulus in seinem Brief an die Römer:»O Tiefe des Reichtums, der Weisheit und der Erkenntnis Gottes! Wie unergründlich sind seine Entscheidungen, wie unerforschlich seine Wege!«(Römer 11,33) Immer wieder begegne ich Menschen, die mich nach dem Warum fragen. Warum die Steine im Weg, die Hängebrücke, der Regen, wenn Gott es doch gut mit uns meint? Warum Krankheit, Leid und Tod? Eine Frage so alt wie die Menschheit. Nur, weil ich Priester bin, heißt das aber leider nicht, dass ich die Antwort kenne. Im Gegenteil: Angesichts von Krankheit, Leid und Tod bleiben auch für mich viele Fragen offen. Ich vertraue nur darauf, dass ich sie letzten Endes beantwortet bekomme werde, oder richtiger: dass es eines Tages gar nicht mehr nötig sein wird, danach zu fragen, weil dann von sich aus alles klar sein wird. Für mich ist die Frage deswegen weniger»Warum liegen da Steine auf meinem Weg?«als »Was mache ich daraus?«Und in der Überzeugung, dass Gott sich schon etwas dabei gedacht haben wird, kann ich versuchen, das Beste daraus machen, und darauf vertrauen, dass Gott mir auch die Kraft dazu schenkt. Aber das ist natürlich längst nicht so leicht umgesetzt, wie es gesagt ist. Auch ich habe schon oft mit Gott gerungen, habe Herausforderungen bewältigen müssen und nach dem richtigen Weg gesucht.

Das ging schon los mit dem Umzug aus Polen nach Deutschland, der mich mitten im dritten Schuljahr plötzlich aus meiner Familie und meinem Freundeskreis gerissen hat. Da wir unter dem Vorwand ausgereist sind, meinen Vater in Westdeutschland besuchen zu wollen, konnte jeder nur einen Koffer mitnehmen, um kein Misstrauen zu erwecken. Zu Hause haben wir alles stehen und liegen lassen, so, als würden wir nur kurz in Urlaub fahren, und meine Oma hat dann später alles verkauft. Plötzlich saß ich als Neunjähriger in Bergneustadt in der Grundschule – ohne ein einziges Wort Deutsch zu können. Zum Glück gab es in meiner Klasse einen polnischstämmigen Jungen, der mir vieles übersetzt hat. Dank ihm wusste ich zumindest, dass wir ein Diktat schreiben sollten. Das Ergebnis allerdings war ein Desaster: Bei hundert Wörtern hatte ich neunzig Fehler.

Aber ich habe damals nicht den Kopf in den Sand gesteckt, sondern Deutsch gepaukt. Ich wollte mich unbedingt mit den anderen Kindern verständigen können. Weil es zu Hause kaum Ruhe gab zu lernen, habe ich mich manchmal im Vorratsraum eingeschlossen, um Vokabeln zu üben. Mein Glück war, dass ich für die Sommerferien eine private Nachhilfelehrerin bekam. Der Einzelunterricht war genau das Richtige, und nach sechs Wochen konnte ich Deutsch, konnte mit den anderen Kindern reden und dem Unterricht folgen.

Heimweh hatte ich natürlich trotzdem, aber das wurde ein bisschen betäubt durch das Staunen über diese völlig neue Welt, in die ich da geraten war. Bei meinem ersten Besuch in einem deutschen Supermarkt dachte ich, ich wäre im Paradies. Was es da alles gab! Früchte, die ich nur aus Filmen kannte. Lebensmittel in Hülle und Fülle. In Polen hatten wir mit Lebensmittelmarken anstehen müssen für das wenige, was es gab, und manchmal haben wir auch nur von dem gelebt, was Oma selbst gemacht hat. Zu Hause hatte auch in meiner ganzen Familie nur ein Einziger ein Auto – und darauf hatte mein Onkel fünfzehn Jahre gewartet. Und hier? 13

Mit am coolsten aber fand ich, dass ich amerikanische Filme schauen konnte: Rambo, Rocky, Star Wars ... das alles war für mich Freiheit!

Leidenschaftslos katholisch
Anders als viele meinen, spielten Glaube und Religion für mich und in meiner Familie damals keine große Rolle. Das war eher so etwas wie eine nicht hinterfragbare Selbstverständlichkeit. In die Kirche gegangen sind wir dort, wo in unserer Gegend Messen auf Polnisch gefeiert wurden. Aber nachdem wir einmal Anschluss gefunden hatten und heimisch geworden waren, sind meine Eltern nur noch unregelmäßig zu Festtagen im Gottesdienst gewesen. Ich habe zwar anfangs in den polnischen Messen als Ministrant gedient und bin mit 15 Jahren in meiner Gemeinde zur Firmung gegangen, aber eben eher, »weil man das so macht«.

Viel wichtiger war mir damals die Schule. Ich war stolz, nach der Grundschule auf die Realschule gehen zu dürfen, und noch stolzer, den Realschulabschluss mit Q-Vermerk geschafft zu haben, also mit Qualifikation fürs Gymnasium. Da fand ich mich dann allerdings plötzlich in einer völlig anderen Leistungswelt wieder und bin in Stufe 11 gründlich abgeschmiert. Auf dem Halbjahreszeugnis hatte ich damals vier Fünfen! Wieder hieß es also: lernen, lernen, lernen. Mit Erfolg: 1995 habe ich mein Abitur geschafft – allerdings ohne irgendeinen Plan, was ich damit anfangen sollte. Großartig Zeit, mir das zu überlegen, hatte ich nicht, da ich als Pole in Deutschland weder zur Bundeswehr, noch als Zivi Ersatzdienst leisten musste. Kurzentschlossen habe ich mich einfach einem Mitschüler angeschlossen, der nach dem Abitur auf die Höhere Handelsschule in Gummersbach ging. Viel lieber hätte ich zwar die Schauspielschule in

Berlin besucht, aber damit hätte ich meinen Eltern gar nicht zu kommen brauchen. Schließlich hatten sie Polen verlassen, damit wir es mal besser haben sollten, nicht, um eine »brotlose Kunst« zu erlernen. In dieser Zeit rund um das Abitur ist mir der Glaube langsam wichtiger geworden. Ich habe mir die Sinnfrage gestellt, wollte wissen, »Wozu bin ich hier?«, und war sehr empfänglich für alles, was eine Antwort versprach. Bei Leuten aus meiner Stufe, die in einer Freikirche engagiert waren, habe ich gesehen, wie sie total gelassen auf Gottes Fügung vertrauten. Ich fand das faszinierend und habe sie mal zu einem ihrer sogenannten Jungschar-Abende begleitet. Danach war ich völlig geflasht! Junge Leute, Teenager wie ich, die ganz offen und unverkrampft miteinander über den Glauben sprachen und zusammen beteten ... das hätte ich nicht für möglich gehalten. Und das war eine sympathische Truppe. Nach und nach habe ich immer mehr Zeit mit den Freikirchlern verbracht und mich an ihren Aktionen beteiligt.

So lange, bis meine Eltern das mitbekamen. Sofort hatten sie die Sorge, ich würde konvertieren, was man als »anständiger Pole« einfach nicht tut, und baten mich: »Frag doch bei uns in der Gemeinde mal den Pfarrer, ob du nicht da etwas in der Jugendarbeit machen kannst.« Da ich nie daran gedacht hatte, zu konvertieren, hatte ich nichts dagegen. An einem Mittwochabend ging ich also nach dem Gottesdienst zum Pfarrer in die Sakristei, stellte mich kurz vor – er kannte mich ja noch von der Firmung – und fragte, ob ich mich in der Jugendarbeit irgendwo einbringen könne. Die Antwort war so kurz wie unmissverständlich: »Nein!« Nichts davor, nichts dahinter. Kein »Schön, dass du fragst, aber im Moment gibt es leider nichts«, kein »Spontan fällt mir nichts ein, aber ich überleg mal«. Bloß: »Nein!« Ich weiß nicht, warum er so ablehnend reagiert hat. Ich weiß nur, dass ich mich dadurch einerseits vor den Kopf gestoßen fühlte, andererseits aber auch bestätigt: Bei den Katholiken gab es halt gar keine Jugendarbeit, so mein Gedanke. Dass ich zwölf Jahre später als Jugendseelsorger für den Oberbergischen Kreis genau dort und genau dafür zuständig sein würde, hätte ich mir damals nicht träumen lassen.

Nachdem er mich zunächst hatte abblitzen lassen, lud mich der Pfarrer dann aber zumindest ein, an einem Glaubenskurs in meiner Gemeinde teilzunehmen. Darin waren unter anderem gemischt-konfessionelle Ehepaare und Leute, die konvertieren wollten. In dem Kurs kam viel Theologisches zur Sprache, und das war etwas, was ich aus der Freikirche so nicht kannte. Es ging um Kirchengeschichte, um Sakramentenlehre, um Dogmatik ... spannendes Neuland für mich. Nach dem Kurs war aus dem ersten »Nein« des Pfarrers die Frage geworden, ob ich mir vorstellen könnte, Firmkatechet zu werden. Konnte ich! Und als solcher wurde ich dann eingeladen zu einer Fahrt nach Medjugorje, einem Marienwallfahrtsort in Bosnien und Herzegowina. Ich hatte noch nie von diesem Ort gehört, und meine Marienfrömmigkeit lag ziemlich stabil bei null. Die Vorstellung aber, mal herauszukommen aus dem Oberbergischen, gefiel mir. Und der Gedanke, nachher damit angeben zu können, in einem Kriegsgebiet gewesen zu sein – es war ja die Zeit der Jugoslawienkriege – gefiel mir auch. Ich war zwanzig – und ich war doof!

Eine schmerzvolle Einsicht und ein Liebesschock, der alles veränderte

Heute kann ich sagen: Zum Glück setzt Gott da an, wo es für dich passt – und wenn es naive Abenteuerlust ist – und dreht es dann für dich um. Während der Gebete, der

Gottesdienste und vieler Gespräche mit anderen Gläubigen in Medjugorje hat sich plötzlich etwas getan bei mir. Die Frömmigkeit dieses Ortes war mir zwar völlig fremd, aber mir wurde dort bewusst, dass in meinem Leben bisher so einiges schiefgelaufen war. Vielen Leuten hatte ich weh getan und fast alle zehn Gebote schon mal gebrochen. Diese Erkenntnis tat richtig übel weh. Da hat sich alles in mir zusammengezogen und ich bin vor lauter Verzweiflung zur Beichte gegangen, um den Schmerz loszuwerden. Ich war seit meiner Firmung nicht mehr beichten gewesen und hatte bis dato auch überhaupt keinen Drang danach verspürt, aber auf dieser Wallfahrt hat es mich plötzlich gepackt. Ich habe mir eine halbe Stunde lang alles von der Seele geredet und nach der Absolution, also der Lossprechung von meinen Sünden, überkam mich eine solche Freude ... ich habe auf dem Platz getanzt! Später war Rosenkranzgebet und Messe und Anbetung, und während der Anbetung hatte ich auf einmal das Gefühl, dass mein Herz platzen müsste, so sehr habe ich Gottes Liebe gespürt. Das war im ersten Moment wirklich ein Schock. Ich dachte, es zerreißt mich. Die Erkenntnis, dass Gott Mensch geworden ist in Jesus, dass dieser Jesus in der Hostie da vorne tatsächlich anwesend ist und dass er mich über alles liebt, das war fast nicht auszuhalten. Dieser Moment hat mein Leben verändert.

Dass ich Priester werden könnte, ist mir damals allerdings noch nicht in den Sinn gekommen. Zunächst war da nur der unbändige Wunsch in mir, diesen Gott besser kennenzulernen, immer mehr über ihn zu erfahren und ihm immer näher zu kommen. Ich habe mir von da an täglich eine halbe Stunde Zeit genommen fürs Gebet, habe in der Bibel gelesen und wenn möglich auch an Werktagen die heilige Messe besucht. Groß erzählt habe ich niemandem von dem Erlebnis in Medjugorje, aber offenbar hat es mich so verändert, dass es anderen auffiel. Meine Familie meinte, ich sei viel ausgeglichener und freudiger, und auch meine Firmlinge haben das gespürt.

Geholfen hat mir in meinem Bestreben, im Glauben und in der Liebe zu wachsen, Kaplan Fritz May, der damals als Neupriester in unsere Gemeinde kam. Ich hatte noch nie einen so jungen Priester erlebt, einen, der so viel Liebe im Herzen hatte für Gott und die Menschen und eine solche Begeisterung ausstrahlte. Seine frohe Art war wirklich ansteckend. Er hat eine Theater-AG gegründet, mit der wir christliche Schauspiele aufgeführt haben. Er hat einen Glaubenskurs und einen Gebetskreis ins Leben gerufen und Fahrten mit uns gemacht. Oft habe ich mit ihm über Gott und die Welt diskutiert und mich daran gefreut, was für ein herzensguter Mensch und Priester das war.

Und noch immer kam mir nicht in den Sinn, dass das auch ein Weg für mich sein könnte. Denn mein zweites Anliegen nach »Gott näher zu kommen« war es, »einem Mädchen näher zu kommen«. Dass das katholisch sein sollte, versteht sich von selbst, und so trat ich mit besten, wenn auch keineswegs gesanglichen Absichten in den Jugendchor in Gummersbach ein: Frauen-Überschuss garantiert. Über meine musikalischen Erfolge dort sei an dieser Stelle der Mantel des Schweigens gebreitet. Was das Mädchen anging, sah es besser aus, aber auch das soll hier nicht Thema sein. (Wer mehr zu »Norbert und die Frauen« wissen möchte, braucht aber nur weiterzulesen ... schon im nächsten Kapitel wird er fündig.)

Eines Tages fragte mich ein Mitsänger – oder, was mich angeht, richtiger: Mitbrummer –, ob ich ihn nach der Chorprobe nach Hause fahren könne. Unterwegs im

Auto sagte er mir – völlig ohne Vorwarnung – auf den Kopf zu: »Norbert, du wirst Priester.« Dass ich damals keinen Unfall gebaut habe, ist wahrscheinlich göttlicher Fügung zuzuschreiben. Jedenfalls war ich geschockt. Das war eine Beleidigung für mich. Priester? Ich? Wie kam dieser Kerl darauf? Ein Typ im Übrigen, den ich nicht besonders mochte, in meinen Augen eher ein religiöser Spinner. »Wie kommst du darauf?«, wollte ich wissen. »Ich kann es nicht sagen«, meinte er. »Ich spüre das einfach.« Eine Antwort, die mich erst recht fuchsteufelswild gemacht hat. Da war dann auch nichts mehr mit freudiger Ausgeglichenheit: Als wir ankamen, habe ich ihn kurzerhand aus dem Auto geschmissen.

Aber was der Mitsänger gesagt hatte, ließ sich leider nicht so einfach abschütteln. Der Gedanke saß in meinem Kopf fest – mitsamt der Abneigung, die er in mir auslöste. Die Priester, die ich kannte, das waren in meinen Augen völlig weltfremde Menschen. Daran hatte auch ein Fritz May als rühmliche Ausnahme nur wenig ändern können. In unserer Abi-Zeitung hatte ich noch ein halbes Jahr vorher als Gag die Frage »Was willst du mal werden?« mit »katholischer Priester« beantwortet. Genau so, als hätte ein Boxer diese Frage mit »Primaballerina« beantwortet. Doch so negativ ich zunächst auf diesen Stachel reagierte, der in mir steckte, er führte dazu, dass ich Bibeltexte plötzlich anders las, Lesungen anders hörte. »Jetzt aber – so spricht der Herr, der dich geschaffen hat, Jakob, und der dich geformt hat, Israel: Fürchte dich nicht, denn ich habe dich ausgelöst, ich habe dich beim Namen gerufen, du gehörst mir.« (Jesaja 43,1) Ich hörte diese Worte und fühlte mich angesprochen. »Als Jesus von dort wegging, sah er einen Zöllner namens Levi am Zoll sitzen und sagte ihm: Folge mir nach! Da stand Levi auf, verließ alles und folgte ihm.«   **19**

(Lukas 5,27-28) Ich las das und fühlte mich angesprochen. Aus dem »Wie kommt der Kerl da drauf?« wurde so nach und nach ein »Kann das sein? Kann Gott das wirklich von mir wollen?«

Auf der Höheren Handelsschule, die ich mit so wenig Begeisterung absolvierte, wie ich sie begonnen hatte, stand ich zu der Zeit kurz vor dem Abschluss. Und was dann? Ein Theologiestudium schien mir nicht das Schlechteste zu sein. Zumindest wäre das zur Abwechslung mal etwas, wofür ich mich auch tatsächlich interessierte. Und niemand würde von mir verlangen, auf der Stelle irgendwelche Gelübde abzulegen ... Heimlich fuhr ich nach Bonn, informierte mich über das Studium und die Priesterausbildung und schrieb mich ein.

Jetzt brauchte ich nur noch einen Plan, wie ich das meinen Eltern beibringen sollte. Denn dass die alles andere als begeistert sein würden, war mir klar. Ich nahm all meinen Mut zusammen (und mein mit Ferienjobs verdientes Geld) und lud sie – was sonst nie vorkam – zum Essen ein. Ich wette bis heute, die zwei dachten, sie würden Großeltern! Gesagt habe ich ihnen nur, dass ich Theologie studieren werde, weil ich mehr über Religion und Glauben wissen will. Ich Feigling habe nicht gesagt, »Ich möchte Priester werden«, sondern »Im Priesterseminar kann man günstig wohnen, deswegen habe ich da ein Zimmer«. So konnte ich weiteren Nachfragen entkommen.

In diesem Zimmer habe ich in den folgenden Jahren dann – mal wieder – Stunde um Stunde gebüffelt. Gleich zu Beginn des Studiums musste ich Latein, Griechisch und Hebräisch lernen, weil ich nichts davon in der Schule hatte. Auch später war das Studium für mich sehr lernintensiv, und die Inhalte fand ich eher trocken, aber ich habe es hingenommen: Das war halt der Weg, den ich gehen musste, um Priester werden zu können. Und das wollte ich schließlich unbedingt ... na ja, ziemlich sicher ... jedenfalls wollte Gott das von mir. Aber wollte ich das? Im neunten Semester kamen mir Bedenken. »Du bist 25 Jahre alt«, dachte ich mir. »Willst du dich wirklich jetzt schon festlegen? Für immer? Was, wenn du es später bereust?« Wohlgemerkt: Die Frage, die ich mir stellte, war: »Will ich das?« Nicht: »Will Gott das?« Dass der mich in seinem Dienst haben wollte, war mir sonnenklar. Ich spürte aber auch die Freiheit, seinen Ruf annehmen oder ablehnen zu können.

Zweifellos berufen, aber nicht ohne Zweifel

Ja, ich glaube, dass Gott einen Plan hat für mein Leben und für das eines jeden Menschen. Dafür spricht für mich schon allein die Tatsache, dass niemand aus eigenem Willen auf diese Welt gekommen ist. Und ja, ich glaube auch, dass Gott in diesem Leben wirkt, dass es so etwas wie göttliche Fügung gibt – einfach, weil ich sie schon zu oft selbst erlebt habe, um sie leugnen zu können. Trotzdem glaube ich auch an die Freiheit und an die Selbstbestimmung des Menschen. Wir sind keine Marionetten, die allein das tun, was ein göttlicher Puppenspieler sie tun lässt. Gottes Liebe zu uns ist so stark, dass er uns sogar die Freiheit schenkt, ihn zu ignorieren. Denn wahre Liebe lässt los. Dass Gottes Liebe uns gleichzeitig loslässt und trotzdem nie fallenlässt, ist für mich im Letzten ein Geheimnis des Glaubens. Und in diesem Glauben habe ich mich damals dazu entschlossen, Gottes Ruf zu folgen.

Noch heute bin ich dafür dankbar, dass ich diese Entscheidung treffen konnte und dass sie mir nicht von außen abgenommen wurde. Ein einzelnes negatives Gutachten (unter vielen positiven) hätte mich nämlich um ein Haar die Zulassung zur Vorbereitung auf die Diakonen- und Priesterweihe gekostet. Im Endeffekt ist die Sache gut für mich ausgegangen – auch, weil unser Direktor, der jetzige Erzbischof von Köln, Rainer Maria Woelki, beim damaligen Erzbischof, Kardinal Joachim Meisner, ein gutes Wort für mich eingelegt hat –, aber es war schon eine harte Erfahrung, dass nach all dem Ringen mit mir selbst jemand anders mir fast einen Strich durch die Rechnung gemacht hätte.

Mir persönlich sind danach nur noch einmal Zweifel gekommen, ob ich den Weg, den Gott für mich bestimmt hat, wirklich gehen will. Als Praktikant war ich nach Leverkusen-Opladen geschickt worden, wo ich das Glück hatte, in Pfarrer Heinz-Peter Teller an einen Mentor zu geraten, der mir viel beigebracht und gleichzeitig auch viel zugetraut hat. Das war definitiv kein Dackel-Praktikum, bei dem man nur im Schlepptau des Pfarrers mitläuft! »Bring dich ein mit dem, was du kannst und möchtest«, war Heinz-Peters Devise. Bei ihm habe ich gelernt, wie wertvoll es ist, als Pfarrer ein guter, liebevoller Begleiter und Seelsorger zu sein. Allerdings hat mich das nicht davor bewahrt, vor der Diakonenweihe kalte Füße zu kriegen.

Eine Woche vor dem großen Tag bin ich zusammen mit den vier anderen Kandidaten in Exerzitien gegangen, damit wir uns in Ruhe im Gebet auf die Weihe vorbereiten konnten. Ich weiß nicht, ob es daran lag, dass mein Vater mir vorher nochmal gesagt hatte: »Überleg dir das gut!«, jedenfalls bekam ich nach drei Exerzitientagen plötzlich Muffensausen. Wieder dachte ich: »Du bist doch noch so jung – mach doch erst noch etwas anderes.« Ein Psychologiestudium hätte mich zum Beispiel gereizt. Zu der Angst, etwas zu verpassen, sich zu früh zu binden, kam die Angst vor dem Predigen dazu. Vor Leuten zu sprechen, gehörte damals wirklich nicht zu meinen Stärken. Schon an der Uni war es mir ein Gräuel gewesen, Referate halten zu müssen. Das Praktikum in Leverkusen hatte mir gezeigt: Als Priester musst du ständig vor Leuten reden, ständig predigen. Was, so meine Sorge, wenn ich schon nach kurzer Zeit nichts mehr zu sagen habe? Wenn ich leer bin? Wie kann ich sicher sein, so erfüllt zu sein von Gott, dass ich immer etwas zu geben habe? Diese Gedanken haben mich wirklich fertiggemacht.

Als das Karussell in meinem Kopf einfach nicht anhalten wollte, habe ich mich zum Gebet in die Kapelle zurückgezogen. »Wenn du mich haben willst, Herr, dann hilf mir jetzt«, habe ich gebetet. »Jetzt! Ich brauche Klartext, sonst bin ich hier weg.« Einer inneren Stimme folgend, habe ich einfach an irgendeiner Stelle die Bibel aufgeschlagen und landete im Buch Jeremia, wo es über dessen Berufung zum Propheten heißt: »Das Wort des Herrn erging an mich: Noch ehe ich dich im Mutterleib formte, habe ich dich ausersehen, noch ehe du aus dem Mutterschoß hervorkamst, habe ich dich geheiligt, zum Propheten für die Völker habe ich dich bestimmt. Da sagte ich: Ach, mein Gott und Herr, ich kann doch nicht reden, ich bin ja noch so jung. Aber der Herr erwiderte mir: Sag nicht: Ich bin noch so jung. Wohin ich dich auch sende, dahin sollst du gehen, und was ich dir auftrage, das sollst du verkünden. Fürchte dich nicht vor ihnen; denn ich bin mit dir, um dich zu retten – Spruch des Herrn. Dann streckte der Herr seine Hand aus, berührte meinen Mund und sagte zu mir: Hiermit lege ich meine Worte in deinen Mund.« (Jeremia 1,4-9)

Das hat mich so erwischt, das kann ich gar nicht beschreiben. Ich fühlte mich direkt angesprochen. »Ich bin noch so jung«, »Ich kann doch nicht reden« – genau das waren ja auch meine Bedenken! In diesem Moment diese

Bibelstelle zu lesen, hat mir enorm viel Kraft gegeben und eine ungeheure Erleichterung verschafft. Es war, als hätte Gott persönlich zu mir gesprochen. Am nächsten Morgen waren alle Ängste wie weggeblasen. Heiter und gelassen bin ich zur Diakonenweihe gegangen, und das überwältigende Gefühl, angekommen und angenommen zu sein, das ich beim Friedensgruß mit den Mitbrüdern empfunden habe, werde ich mein Leben lang nicht vergessen. Ja, bei meiner ersten Predigt nach der Weihe hatte ich Schweißperlen auf der Stirn stehen. Und ja, manchmal ist es heute noch nervenaufreibend, wenn ich bis eine Stunde vor dem Gottesdienst nicht weiß, was ich sagen soll. Aber es ist bisher immer gutgegangen, und es bereitet mir große Freude, Menschen von der Liebe Gottes zu berichten, sie zu ermuntern und zur Umkehr zu bewegen. Manchmal stehe ich tatsächlich neben mir bei der Predigt und denke: »Habe ich das gerade gesagt?« Zu merken, wie Gottes Zusage an Jeremia »Fürchte dich nicht, denn ich bin mit dir« auch an mir lebendig und konkret wird, schenkt mir eine große Gelassenheit: Auf Gott kann ich vertrauen, der lässt mich nicht im Stich. Manchmal handelt er in letzter Sekunde, aber dann hat das schon seinen Sinn.

Finde deinen Weg – mit Gottes Hilfe
Dass nicht jeder seine Lebensfragen beantwortet bekommt, indem er an irgendeiner Stelle die Bibel aufschlägt, ist mir schon klar. Aber ich bin fest davon überzeugt, dass jeder Mensch eine Berufung hat und dass er nur dann wirklich glücklich wird, wenn er sie findet und ihr folgt. Nichts schenkt eine solch tiefe Zufriedenheit wie das Gefühl: »Hier bin ich richtig, hier bin ich zu Hause«. Diese Gewissheit, das für einen selbst Richtige zu tun, gibt einem auch ein ganz anderes Fundament für eben dieses Tun. Und das gilt nicht nur für Priester,

sondern auch für andere Berufe. Und es gilt nicht nur für Berufe, sondern auch für das Privatleben. Ich denke zum Beispiel, dass man auch zur Ehe berufen sein sollte. Viele stellen sich die Frage leider gar nicht: »Bin ich berufen, Ehemann/Ehefrau zu sein?« Oder auch: »Bin ich berufen, Vater/Mutter zu sein?«

Aber wer sich mit der Frage nach seiner Berufung beschäftigt, wer Entscheidungen zu treffen hat und nach dem für ihn richtigen Weg sucht, den kann ich nur ermuntern, in die Stille zu gehen und seine Ängste und seine Sorgen im Gebet vor Gott zu bringen. Gottes Art zu antworten, kann bei jedem anders sein. Er knüpft Erkenntnis immer an deine Biografie an, macht sich so bemerkbar, dass du ihn verstehen kannst. Wichtig ist, dass du offen dafür bist, seine Hinweise zu sehen oder seine Worte zu hören. Sei nicht ungeduldig. Wenn du hin- und hergerissen bist in einer Sache, dann bleib dran, spüre nach, zu welcher Seite es dich mehr zieht. Vielleicht hast du einen geistlichen Begleiter, der die Gabe der Unterscheidung hat – frag ihn, frag Freunde um Rat. Gott wirkt ganz oft durch andere Menschen. Wenn du auf die »Stimme aus dem Off« wartest, kann es sein, dass du lange wartest. Das ist dann wie bei dem Mann, den eine Hochwasserkatastrophe auf das Dach seines Hauses getrieben hat. Retter in einem Boot kommen vorbei und wollen ihn mitnehmen. »Nein danke«, antwortet er, »Gott wird mich retten.« Das Wasser aber steigt weiter, und der Mann klettert auf den Schornstein. Wieder kommt ein Boot vorbei, und die Helfer rufen: »Steig ein!« Wieder lautet seine Antwort: »Nein danke, Gott wird mich retten.« Noch immer steigt die Flut. Dem Mann steht das Wasser schon bis zum Hals, als ein Hubschrauber angeflogen kommt. Die Besatzung sieht ihn im Scheinwerferlicht und lässt eine Strickleiter herunter. »Greifen Sie die Leiter«, ruft einer der Männer.

»Nein, danke, Gott wird mich retten«, sind die letzten Worte des Mannes, denn kurze Zeit später ertrinkt er. Im Himmel beschwert er sich bei Gott:»Mein Leben lang habe ich treu an dich geglaubt. Warum hast du mich nicht gerettet?« Gott sieht ihn erstaunt an:»Ich habe dir zwei Boote und einen Hubschrauber geschickt. Worauf hast du gewartet?«

In diesem Sinne: Versuche die Hinweise zu sehen, die Gott dir gibt. Und bei allem Danach-Ausschau-Halten, bei allem In-sich-Fühlen und Beten ... irgendwann entscheide dich! Gott will nicht, dass wir dauerhaft ein Leben mit angezogener Handbremse führen, weil wir uns nicht sicher sind, welcher Weg der richtige ist. Spring ins kalte Wasser! Denn in einem darfst du sicher sein: Gott ist bei dir – ganz egal, wie du dich entscheidest.

Ich persönlich habe mir angewöhnt, Gott um klare Zeichen zu bitten, weil ich ein Mensch bin, der vor allem audiovisuell empfänglich ist. Das klappt nicht immer – manchmal sehe ich die Zeichen nicht, manchmal gibt Gott keine Zeichen, weil es eben (noch) nicht so weit ist – aber immer wieder komme ich so Gottes Willen ein Stückchen näher. Ein Beispiel: Im Sommer 2011 haben Freunde von mir ein Kind bekommen und mich gefragt, ob ich sein Taufpate würde. Da ich zu dem Zeitpunkt schon drei Patenkinder hatte, reagierte ich zunächst zurückhaltend. Ich versuche, mein Patenamt ernst zu nehmen, und stieß mit den dreien schon an meine Grenzen. Ich habe mir deshalb Bedenkzeit erbeten und zugesagt, die Frage mit ins Gebet zu nehmen. Bis zum Weltjugendtag in Madrid habe ich dann ehrlich gesagt nicht mehr daran gedacht, aber dort im Schwimmbad fiel es mir – wahrscheinlich über den Gedankensprung vom Wasser zur Taufe – wieder ein.»Herr, wenn du möchtest, dass ich Pate dieses Jungen werde, gib mir ein Zeichen«, habe ich gebetet. Und da nicht mehr viel Zeit war, bis ich den Eltern meine Entscheidung mitteilen sollte, habe ich vorgeschlagen: »Wenn ich das Patenamt übernehmen soll, lass einen meiner Jugendlichen hier noch heute unaufgefordert über die Taufe sprechen.«

Der Tag verlief ohne besondere Vorkommnisse, und als ich schon froh war, den Eltern absagen zu können, passierte es. Wir waren spät abends auf der Rückfahrt aus der City in die Gemeinde, und die Jugendlichen sangen in der Straßenbahn: »Humba, Humba Täterä«, »Die Karawane zieht weiter«, »Viva Colonia«... lauter Partylieder. Plötzlich stellt sich einer aus meiner Gruppe hin und fängt an zu singen: »Fest soll mein Taufbund immer stehen.« Die anderen sind völlig irritiert, fallen auch nicht ein, und der Junge bricht ab. Ich habe ihn später gefragt, wie er auf die Idee gekommen ist, das zu singen, und seine Antwort war: »Ehrlich gesagt, keine Ahnung. Ich hatte das Gefühl, ich sollte das jetzt singen.«

Bei Louis' Taufe – unnötig zu erwähnen, dass ich das Patenamt übernommen habe – habe ich diese Begebenheit erzählt, und die Familie war ganz schön baff. Insgesamt war es eine sehr bewegende Feier. Aber das sind Taufen für mich eigentlich immer. Wenn man sich mal vor Augen führt, was da passiert. Das ist so groß, so unfassbar! Das ist so ... wichtig, dass ich dafür ein neues Kapitel »aufmache«.

Trauung von Daniela Katzenberger und Lucas Cordalis am 4. Juni 2016 in Königswinter. © RTL II

Nach der Papstaudienz am 21. September 2016 mit Daniela und Lucas auf dem Gianicolo in Rom. © privat

DANIELA KATZENBERGER
oder: Von der Liebe Gottes zur besten Sendezeit

2

Es gibt nichts, was ich als Priester lieber tue, als zu taufen und zu trauen. Denn es gibt nichts Schöneres als die
Liebe Gottes. Und die ist in diesen Feiern zum Greifen
nahe. Gerade das macht sie ja zu dem, was wir in der
Kirche »Sakrament« nennen: Das, was man nicht sehen
kann, wird dabei in Zeichen sichtbar. Bei der Taufe in
Wasser und Salböl, in Taufkleid und -kerze, bei der Trauung in den Ringen, in der Kerze und wenn der Priester

seine Stola um die Hände des Brautpaares wickelt. Letztlich zeigt sich in all dem die Größe, die Tiefe und die Treue, mit der Gott uns liebt.

Das Wasser bei der Taufe zum Beispiel ist Zeichen für den Neuanfang, der damit verbunden ist. Es macht rein, wäscht alle Sünden ab, also alles, was uns von Gott und voneinander trennt und uns davon abhält, der Mensch zu sein, der wir im besten Fall sein könnten. Bei einer Babytaufe ist das vielleicht nicht so ein starkes Zeichen, aber wer sich als Erwachsener zur Taufe entschließt, der wird diesen Moment des völligen Reingewaschen-Werdens ganz intensiv erleben. Deshalb finde ich es auch schade, dass wir die Täuflinge nicht mehr ganz untertauchen, sondern meist nur noch den Kopf mit Wasser begießen. Das schmälert, wie ich finde, die Deutlichkeit des Zeichens. So eine Taufe ist wie eine zweite Geburt – das wird durch Untertauchen und wieder Auftauchen viel klarer. Auch beim Salben mit Chrisam, diesem kostbaren Öl, das früher Königen, Priestern und Propheten vorbehalten war, haben wir die zeichenhafte Handlung reduziert und machen dem Täufling nur noch ein Kreuz damit auf die Stirn, statt seinen ganzen Körper damit einzureiben. Dabei zeigt gerade diese Verschwendung: So viel bist du Gott wert, dass er für dich am Kostbarsten nicht spart. Die Radikalität dieses Zeichens können wir heute eh nicht mehr ganz erfassen. Man muss sich das vorstellen: Das, was Königen vorbehalten war, das bekamen jetzt Sklaven! In Christus, so wurde dadurch deutlich, haben alle Menschen den gleichen Stand und die gleiche Würde. Keiner ist mehr oder weniger wert als ein anderer! Und es ist kein niedriger Stand, den alle gemeinsam haben, sondern der höchste überhaupt. In der Taufe erhebt Gott uns zu Königen, Priestern und Propheten. Und er traut uns zu, diesem Stand gerecht zu werden: wie Könige Verantwortung zu übernehmen für das große Ganze, wie Priester anderen seine Liebe zu vermitteln, wie Propheten sein Wort zu verkünden. Gott traut uns das zu! Das verdeutlicht auch die Kerze, die bei Taufen und bei Trauungen entzündet wird. Nicht mit einem Streichholz oder einem Feuerzeug, sondern an der Osterkerze, an dem Licht, das zeigt: Die Dunkelheit und der Tod sind ein für alle Mal besiegt. Christus ist das Licht der Welt. Er leuchtet dir, Täufling. Er leuchtet euch, Brautleuten. Und er sagt dir und euch:»Ihr seid das Licht der Welt«(Matthäus 5,14). Auch das traut er uns zu – Licht zu sein für andere, ihnen Orientierung zu geben, ihnen Hoffnung zu schenken, Wärme und Geborgenheit. Denn er gibt uns Orientierung, schenkt uns Hoffnung, Wärme und Geborgenheit. In der Taufe sagt Gott uns zu:»Du bist mein geliebter Sohn/meine geliebte Tochter.«(Markus 1,11)

Vertrauensvorschuss à la Gott

So beeindruckend Erwachsenentaufen oft sind, weil ihnen meist ein langer Prozess des Suchens und Findens vorausgeht und eine ganz bewusste Entscheidung für Christus ... Babytaufen berühren mich noch viel mehr. Da sagt Gott zu einem winzigen, hilflosen Menschlein:»Ich liebe dich! Du bist mein Kind! Ich gebe dir die höchste Würde, die ich geben kann, und schenke dir mein ganzes Vertrauen.« Dabei hat dieses Kind noch überhaupt nichts getan, überhaupt nichts geleistet. Was für eine bedingungslose Liebe, was für ein Vorschuss an Vertrauen! Das überkommt mich jedes Mal, wenn ich ein Baby taufe. Wir meinen immer, uns Zuneigung verdienen zu müssen, aber Gott schenkt sie uns an unserem schwächsten Punkt. Er tut es bedingungslos und mehr noch: endlos! Gottes Wort gilt. Er nimmt seine Zusage nicht zurück. Er liebt uns, egal was kommt.

Erst wenn man das verstanden hat, kann man auch verstehen, was zwei Menschen sich zusagen, die kirchlich heiraten, die sich versprechen: Ich will dir die Treue halten in guten und bösen Tagen, in Gesundheit und Krankheit und will dich lieben, achten und ehren, bis der Tod uns scheidet. Wie es im ersten Brief des Apostels Paulus an die Korinther heißt: »Die Liebe erträgt alles, glaubt alles, hofft alles, hält allem stand. Die Liebe hört niemals auf.« (1 Korinther 13,7-8) So liebt uns Gott! Und wenn wir nicht aus dieser Liebe unsere Kraft schöpfen, werden wir rein menschlich an diesem Anspruch immer wieder überfordert scheitern.

Wie das geht, aus Gottes Liebe zu leben, das haben uns die Heiligen vorgemacht. Deswegen ist es schön, wenn bei einer Taufe der Namenspatron oder die Namenspatronin des Kindes erwähnt wird. Mein eigener Namenspatron, der heilige Norbert von Xanten, ist mir zum Beispiel ein Vorbild darin, sein eigenes Ding durchzuziehen, auch wenn es nicht unbedingt in die Kirchenstrukturen passt. Als ich mich näher mit diesem Mann beschäftigt habe, der Anfang des 12. Jahrhunderts gelebt hat, den Prämonstratenserorden gegründet hat und Bischof von Magdeburg geworden ist, habe ich viele Parallelen entdeckt: Er hat zunächst auch sehr weltlich gelebt, hat eine plötzliche Bekehrung erfahren und mit Ende 20 den Wunsch gehabt, Priester zu werden. Er hat Exerzitien in Siegburg gemacht und ist im Kölner Dom zum Priester geweiht worden. Neben manchen »Äußerlichkeiten« ist es aber vor allem die innere Einstellung zu den Dingen, in der ich mich dem heiligen Norbert von Xanten verbunden weiß. Darin, dass es ihm wichtig war, in der Pastoral den Menschen zu begegnen und sie zu begleiten. Darin, dass er mit Hingabe Liturgie gefeiert hat. Darin, dass er ein unermüdlicher Prediger war und weit gegangen ist für die Verkündigung (nicht nur in Deutschland, sondern auch in Belgien und Frankreich). Darin, dass er Kritik geübt hat an der Kirche seiner Zeit, sie aber trotz aller Missstände geliebt hat und von innen heraus erneuern wollte. Darin, dass er sich in den fixen Strukturen dieser Kirche nur schwer wiedergefunden hat und deshalb stets auf der Suche war nach neuen Wegen, den Glauben zu leben und zu verkünden. Ich glaube wirklich, dass ich den Namen Norbert nicht umsonst trage.

Wahrscheinlich wird nicht jeder etwas zu sich Passendes entdecken, wenn er nachforscht, wer sein Namenspatron war, aber ich kann nur empfehlen, es zumindest in Erwägung zu ziehen, dass es da etwas zu entdecken gibt, und sich auf die Suche danach zu machen. Oder auch zu fragen: Wer ist der Heilige des Tages, an dem ich geboren wurde? Gibt es auf dieser Spur vielleicht etwas, was Gott mir für mein Leben sagen und mitgeben will?

Ich erinnere mich noch gut an das erste Taufgespräch, das ich nach meiner Diakonenweihe in Leverkusen-Opladen geführt habe – voller Eifer, alles gut und richtig zu machen. Das kleine Mädchen sollte auf den Namen Julia getauft werden, und deswegen habe ich den Eltern im Vorgespräch gesagt, dass ihre Namenspatronin die heilige Julia von Karthago sei, eine Sklavin aus dem dritten Jahrhundert nach Christus, die vermutlich unter Kaiser Decius im Kerker den Märtyrertod fand. Nein, nein, das Mädchen sei nach Julia Roberts benannt, ließen mich die Eltern wissen, also um genau zu sein, nach »Pretty Woman«. Den Kommentar »Echt jetzt? Nach einer Prostituierten?« habe ich mir verkniffen, aber schon auf der heiligen Julia als Namenspatronin bestanden. Eine Sklavin, die im Kerker gestorben sein soll, wollten die Eltern allerdings partout nicht, und ich sah mein allererstes Taufgespräch schon scheitern, bis ich sie mit dem Argument doch noch überzeugen konnte, dass Julia von Karthago auch sehr hübsch gewesen sein soll.

Ich liebe Trauungen!

Heute würde ich sagen: Solche Herausforderungen, auf den ersten Blick Unvereinbares miteinander zu vereinbaren (wie »Pretty Woman« und Julia von Karthago), sind genau mein Ding. Zuletzt hieß die Herausforderung: »Kultblondine und Korintherbrief«. Daniela Katzenberger, bekannt aus diversen Reality-TV-Formaten und Dokusoaps, und Lucas Cordalis, Musikproduzent und Sohn von Schlagersänger Costa Cordalis, wollten heiraten – live im Fernsehen – und auf Umwegen hatte mich sowohl über einen Kollegen bei Facebook als auch über das Projekt »www.meinetraukirche.de« des Erzbistums Köln die Frage erreicht: Kannst du dir vorstellen, Traupriester der beiden zu werden?

Wie gesagt: Ich liebe Trauungen! Es ist ein riesiges Geschenk, bei einem der wichtigsten Momente im Leben zweier Menschen dabei sein zu dürfen, diesen Moment mit vorbereiten und gestalten zu können. Ich darf meinen Teil dazu beitragen, dass eine Trauung hoffentlich unvergesslich wird, ein Quell der Freude und Dankbarkeit für das Brautpaar. Und da die Menschen bei einer Hochzeit in der Regel positiv gestimmt sind, sind sie auch sehr empfänglich für die Frohe Botschaft von der Liebe Gottes zu uns. Wo kann man der Freude, die unser Glaube mit sich bringt, besser Ausdruck verleihen als bei einer Trauung? Deswegen habe ich auch bei Daniela und Lucas, als es soweit war, zu Beginn des Gottesdienstes gesagt: »Gott freut sich, dass ihr da seid!«

Ich kenne Kollegen, die sagen »Bleib mir weg mit Trauungen«. Sei es, weil sie schon zu viele Ehen haben scheitern sehen oder weil sie sich ausgenutzt fühlen von Menschen, die sich um Gott und die Kirche 364 Tage im Jahr einen feuchten Kehricht scheren, sie beim »schönsten Tag im Leben« dann aber dabeihaben wollen. Ich sage: Seien wir doch froh, dass sie sie an diesem Tag dabeihaben wollen. Das ist ein großartiger Tag, um dabei zu sein! Es ist ein schöner und ein wichtiger Tag.

Ja, es stimmt: Da kann es schon mal vorkommen, dass ein Trauzeuge, der vor dem Gottesdienst das Blumengesteck bringt, mit Kopfnicken Richtung Altar fragt: »Kann ich das da auf die Theke stellen?« Oder auch, dass bei einer Taufe die Großmutter fragt: »Können Sie das nicht ohne Wasser machen? Die Kleine ist erkältet.« Und ja, es stimmt: Viele Hochzeitspaare sieht man als Priester danach so schnell nicht wieder. Aber ist es wirklich das, worauf es ankommt? Ich finde, es ist ein Geschenk, sie ein Stück des Weges – egal wie kurz – begleiten zu dürfen und ihnen in dieser Zeit das Beste zu schenken, was wir haben: Die Zusage Gottes, mit seiner Liebe immer bei ihnen zu sein! Wenn ein Paar sich ernsthaft Gottes Segen für seine Beziehung wünscht, dann ist das doch ein Grund zur Freude! Zumal es längst nicht mehr selbstverständlich ist – weder, dass Menschen in ihrer Beziehung so weit kommen, sich in Ausschließlichkeit an einen Partner binden zu wollen, noch, dass sie das mit Gottes Segen tun wollen.

Das habe ich in der Predigt auch zu Daniela und Lucas gesagt: Heute gibt es viele Menschen, die sagen, es sei allein wichtig, vor allem nur an sich selbst zu denken, das Leben zu genießen und sich dabei nicht zu verpflichten, sich nicht festzulegen, keine endgültigen Entscheidungen zu treffen, weil man ja nie weiß, ob morgen nicht etwas Besseres kommt. Mit eurem Ja-Wort heute in dieser Kirche setzt ihr ein mutiges Zeichen gegen diese Einstellung, die sich alle Türchen im Leben offen hält. Ihr habt den Mut, den anderen anzunehmen, zu achten und zu respektieren ein Leben lang, nicht nur auf Zeit und aus Beliebigkeit, sondern für immer. Es gehört Mut dazu, sich nicht nur zu lieben, solange die Liebe dauert, sondern solange das Leben dauert. Das Ja-Wort der Liebe, das ihr euch gleich gegenseitig zusagt und das Gott euch schon bei eurer Taufe und der Taufe eurer Tochter zugesagt hat; dieses Ja-Wort sagt Gott euch heute auch für euren Ehebund zu. Es ist ein starkes Machtwort, denn Worte der Liebe haben immer Macht. Dieses Ja ist zwar ein kleines Wort, aber eines, das dir wirklich Großes verspricht, dass dir sagt: Meine Liebe verlässt dich nicht!

Dass Lucas sich bei der Hochzeitsfeier nach dem Gottesdienst vor allen Gästen und allen Fernsehzuschauern für meine Worte bedankt hat und gesagt hat, ich hätte damit sein (und Danielas) Herz berührt, hat mich sehr gefreut. Positiv überrascht war ich auch von der »Best of«-Sendung, die RTL II am Montag nach der Hochzeit ausgestrahlt hat. Ich war gespannt, wie viel von der Trauung vorkommen würde zwischen Kleid und Torte und Kutsche und Make-up und all dem Drumherum. Und was war? Der Gottesdienst nahm fast drei Viertel der Sendezeit ein. Da hatte wohl jemand verstanden, was das Wichtigste bei der Hochzeit war. Von demjenigen, mit dem Daniela das Buch »Eine Tussi sagt ›Ja!‹« geschrieben hat, kann man das leider nicht sagen. Dort blieb von der Predigt übrig: »Der Pastor erzählte was von wahrer Liebe, die dort beginnen würde, wo man anfängt, die Schwächen des anderen zu lieben. Lustig, ich dachte immer, dann wäre es endgültig vorbei. Hatte mir noch nie Gedanken darüber gemacht, dass der große Liebesrausch anscheinend erst beginnt, wenn man die Pupserei, Rülpserei, Danebenpinklerei und sonstige -reien richtig lieb gewinnt.« Tja, als Prediger ist man halt Sämann und über den sagt Jesus:»Ein Sämann ging aufs Feld, um seinen Samen auszusäen. Als er säte, fiel ein Teil der Körner auf den Weg; sie wurden zertreten und die Vögel des Himmels fraßen sie. Ein anderer Teil fiel auf Felsen, und als die Saat aufging, verdorrte sie, weil es ihr an Feuchtigkeit fehlte. Wieder ein anderer Teil fiel mitten in die Dornen und die Dornen wuchsen zusammen mit der Saat hoch und erstickten sie. Ein anderer Teil schließlich fiel auf guten Boden, ging auf und brachte hundertfach Frucht.« (Lukas 8,5-8) Auf welchen Grund der Samen fällt und ob und wann er aufgeht, darauf hat man als Priester keinen Einfluss. Doch das darf meines Erachtens nie zum Grund werden, das Säen einzustellen.

Ich muss gestehen: So sehr wie Daniela Katzenberger und Lucas Cordalis habe ich noch nie ein Brautpaar verteidigen müssen. Dass es ihnen nicht ernst sei mit der Hochzeit, wurde unterstellt. Dass sie nicht an die Unauflöslichkeit des Ehebundes glauben würden und deswegen einen Ehevertrag geschlossen hätten. Dass alles nur Show sei und die Kirche sich mit dieser Hochzeit vor einen Selbstvermarktungskarren spannen ließe ... Ich kann nur sagen: In zwei Traugesprächen, die ich mit den beiden – wie mit jedem anderen Paar auch – geführt habe, bin ich zu der Überzeugung gekommen, dass es ihnen ernst war mit der kirchlichen Trauung und dass sie wirklich vor Gott zueinander »Ja« sagen wollten. Ansonsten hätten die zwei auch auf Mallorca am Strand im Sonnenuntergang heiraten können oder an nahezu jedem anderen Ort. Sie hätten einen freien Redner engagieren können, der ihnen genau das sagt, was sie wollen – aber sie haben sich auf einen Priester eingelassen, von dem sie nicht wissen konnten, was er predigen würde.

Für Lucas und in seiner Herkunftsfamilie spielt der Glaube eine wichtige Rolle – nicht nur, weil er Messdiener war, Religion als Abiturfach hatte und als Jugendlicher sogar kurz überlegt hat, in ein Kloster einzutreten. Er weiß, was es bedeutet, einander vor Gott das Sakrament der Ehe zu spenden, denn seine Eltern leben es ihm seit vierzig Jahren vor. Daniela würde sicher nie von einem Sakrament sprechen – allein die Tatsache, dass sie mich im ersten Traugespräch gefragt hat, ob ich auch verheiratet sei, zeigt, dass sie von Hause aus nicht viel von Kirche und Glauben mitbekommen hat. Aber sie hat ein feines Gespür dafür, wenn es um mehr geht als das auf den ersten Blick Sichtbare. »Für mich fühlt es sich erst wie eine richtige Hochzeit an, wenn wir in der Kirche ›Ja‹ zueinander gesagt haben«, meinte sie vor der Trauung in einem Interview. Und dass sie in einer Kirche so etwas wie »Ehrfurcht« empfinde.

Fast immer ist es so, dass bei Brautleuten einer von beiden der Kirche nähersteht als der oder die andere. Darin liegt ja auch eine große Chance, dass der eine Partner am Glauben des anderen wachsen kann. Und bei einer Trauung wird eben auch nicht abgefragt, ob jemand den Katechismus auswendig kann, sondern ob er einen unauflöslichen Bund mit einem anderen Menschen eingehen möchte in Treue, zum gegenseitigen Wohl und mit dem Wunsch, gemeinsam Kinder zu bekommen.

Ein Priester sagt »Ja«: Chance gesehen, Chance genutzt
Was die Übertragung der Hochzeit im Fernsehen angeht, hatte ich natürlich auch meine Bedenken. Ist das live oder wird das vom Sender zusammengeschnitten? Wie viel Zeit darf der Traugottesdienst in Anspruch nehmen? Lassen die sich inhaltlich auf mehr ein als nur auf romantische Musik und ein Ja-Wort à la Hollywood? Wird ein Produzent versuchen, mir in meine Predigt hineinzureden? Aber all diese Bedenken konnten in einem Ge-

spräch mit den Verantwortlichen von RTL II ausgeräumt werden, und ich sah die Chance, in einem Programm, in dem Kirche und Glaube sonst nie vorkommen, mit das Schönste zeigen zu dürfen, was wir als Kirche den Menschen schenken können – und das auch noch samstagabends zur besten Sendezeit! So blieb für mich letztlich nur die Frage: Dieses Paar lebt sein Leben sehr öffentlich und möchte durch eine Fernsehübertragung auch möglichst viele Menschen an seiner Hochzeit teilhaben lassen. Ist das ein Grund für mich, sie nicht zu trauen? Darf ich sie überhaupt anders behandeln als andere katholische Brautpaare, die kirchlich heiraten wollen und alle Anforderungen erfüllen? Meine Antwort haben am 4. Juni 2016 rund 2,6 Millionen Menschen gesehen. Das war für RTL II die höchste Einschaltquote des Jahres – und innerhalb der Sendung hatte überraschenderweise sogar meine Predigt den höchsten Zuschaueranteil, wie ich im Nachhinein von den Fernsehleuten erfahren habe.

»Der Gottesdienst zur Primetime war jedenfalls eine der besten PR-Aktionen der katholischen Kirche seit der Wahl von Papst Franziskus«, war am nächsten Tag auf der Internetseite der Süddeutschen Zeitung zu lesen. »Heimlicher Gewinner des Spektakels ein Krisenkandidat: die Kirche«, befand auch stern.de. »Für die Kirche war die Trauung das perfekte Produktplacement. Wie Weihnachten, Ostern und Papstbesuch zusammen.« Und selbst beim tendenziell kirchenkritischen Portal spiegel.de musste man einräumen: »Der Pastor war Profi genug, um vor Millionen von Menschen für seine Firma und deren Grundsätze zu werben.« Negativ dagegen ein Beitrag im Kölner Stadt-Anzeiger, in dem von »der peinlichen Anbiederung an die vermeintliche Modernität« die Rede war. Als solche, so der Kommentar, »trug der Pfarrer an seinem Handgelenk einige Festivalbändchen – was die

Internetgemeinde spotten ließ, er sei wohl gerade von Rock am Ring gekommen«.

Tatsächlich hatte ich vor der Trauung sogar noch überlegt, ob ich die Bänder abschneiden sollte, die ich als Erinnerung trage an Weltjugendtag und Taizé-Jugendtreffen, ans Altenberger Licht und Nightfever, an die MEHR-Konferenz in Augsburg und andere Veranstaltungen, die für mich zu den Höhepunkten meiner Arbeit als Jugendseelsorger gehören. Ich hatte Martin, meinen Kollegen, der mir bei der Trauung assistiert hat, um Rat gefragt, und er meinte: »Kann man mögen oder nicht, jedenfalls tut es keinem was, wenn du die trägst. Hauptsache, du fühlst dich wohl damit.«

Alles in allem war ich schon sehr erleichtert, als ich am Tag nach der abendlichen Trauung und der anschließenden Hochzeitsfeier – nach zwei Stunden Schlaf und zwei Sonntagsmessen – einen ersten Blick darauf warf, was im Internet so über die Trauung geschrieben wurde. Viel wichtiger als die Pressestimmen waren mir allerdings die persönlichen Reaktionen, die mich auf Facebook, WhatsApp und per E-Mail erreichten. So viele Menschen, die sich für meine Worte bedankten, die sich mit mir und dem Brautpaar freuten, die schrieben: »Ihre Worte haben mich sehr berührt«, »Kann ich die Predigt haben?« oder sogar »Jetzt überlegen wir, ob wir nicht doch auch kirchlich heiraten sollen«. Besonders gefreut hat es mich dabei auch immer, wenn jemand schrieb, dass die Trauung toll zu Daniela und Lucas gepasst hätte und sehr persönlich gewesen sei. Das ist mir nämlich ein großes Anliegen: dass die Zeremonie nicht »übergestülpt« wirkt, sondern individuell ist und zum Brautpaar passt.

Manche Kollegen finden es furchtbar, wenn sich ein Paar zum Einzug in die Kirche den Whitney-Houston-Klassiker »I will always love you« wünscht oder nach dem Trauversprechen das Silbermond-Lied »Du bist das Beste, was mir je passiert ist« gespielt haben möchte. »Das ist doch alles nur Show«, heißt es dann schnell. Doch wäre es nicht viel mehr Show, wenn ein Paar, das der Kirche nicht besonders nahesteht, »Fest soll mein Taufbund immer stehen« singen würde? Wenn sie zu »Großer Gott, wir loben dich« durch den Mittelgang schritten, nur »weil man das in der Kirche so macht« und der Pfarrer es so will? Jeder Gottesdienst und erst recht jede Trauung sollten mit dem Leben der Menschen zu tun haben. Um beim Beispiel der Musik zu bleiben: Muss ich Gemeindegesang von der Orgel begleiten lassen? Nein, muss ich nicht! Ich kann das auch mit Instrumenten machen, die für die Leute »normaler« sind, mit Gitarre etwa oder E-Piano. Wer hört denn bitteschön privat Orgelmusik? (Nichts gegen die, die das tun.) Ich erinnere mich an eine Trauung, bei der das Brautpaar zu dem James-Bond-Song »Skyfall« von Adele in die Kirche einzog. So ein Weltuntergangslied ist an der Stelle sicher ungewöhnlich, aber die zwei hatten sich bei ihrer ersten Verabredung im Kino einen Bond-Film angeschaut und die Erinnerung daran bedeutete ihnen viel. Mit dem Einzug zu dem Lied »Skyfall« schloss sich in dem Moment ein Kreis für sie.

Sicher gibt es auch Grenzen. »Highway to hell« von AC/DC oder »Du hast« von Rammstein würde ich nicht spielen lassen bei einer Trauung und auch den Wunsch einer Braut, auf einem Pferd in die Kirche einzureiten, habe ich schon abgelehnt. Bei so etwas höre ich auf mein Bauchgefühl: Passt das für mich und für die Kirche oder nicht? Aber ich würde nie sagen »Das ist doch verrückt«, sondern gemeinsam mit dem Paar überlegen: »Wenn euch Pferde so wichtig sind, wie können wir es dann hinkriegen, dass sich das in der Trauung widerspiegelt?« 41

Bei Daniela und Lucas war die größte Herausforderung für mich, für das, was eine katholische Ehe ausmacht, Worte zu finden, die jeder versteht, und trotzdem »theologisch korrekt« zu bleiben. Grundsätzlich versuche ich immer so zu predigen, als spräche ich zu Freunden. Da schmeißt man ja auch nicht mit Fremdwörtern um sich. Und die »Kirchensprache« ist nun mal voll von Fremdwörtern – nicht nur für Daniela Katzenberger. Aber wie zum Beispiel sollte ich dem RTL-II-Publikum klarmachen, Ehe sakramental zu sehen als Zeichen für Gottes Gegenwart? Wo zwei Menschen sich lieben und einander annehmen, soll das Zeichen sein für die Liebe Gottes, aus der sie leben. Ehepaare sind berufen, Zeugen dieser Liebe zu sein, indem sie einander tragen, achten und ehren in guten und in schlechten Zeiten. Deshalb habe ich zu Daniela und Lucas gesagt: »Ihr sollt wie eine kostenlose App sein. Wenn man auf die klickt, dann soll man im Idealfall sehen können: Wow! Die gehen ja durch dick und dünn miteinander. So kann die Liebe in unserer Welt gelebt werden. Oder noch besser, wenn Menschen sagen: Das ist ja göttlich, wie die einander lieben.« Ob das Bild mit der App zu hundert Prozent passt, darüber kann man diskutieren. Aber das ist ja schon ein Riesengewinn, wenn Menschen überlegen: Passt das? Was heißt das eigentlich, Zeichen zu sein für Gottes Liebe?

»... bis der Tod uns scheidet.«
Ich erinnere mich noch gut an eine Hochzeit, die mir nochmal ganz neu die Bedeutung des Trauversprechens vor Augen geführt hat. Das war in meiner Kaplanszeit in Düsseldorf-Unterrath. Da durfte ich zwei Menschen trauen, die beide jeweils schon einmal verheiratet gewesen waren. Er war ein 84-jähriger Witwer, sie 78 Jahre alt

und ebenfalls verwitwet. Die zwei hatten sich im Altenheim kennengelernt, wo sie ihre jeweiligen Partner bis zu deren Tod liebevoll begleitet und gepflegt haben. Und später kam irgendwann der Punkt, an dem sie beschlossen haben: Das, was uns verbindet, soll mehr sein als eine Freundschaft. Als die zwei schließlich in der Kirche vor mir standen und einander zusprachen »Vor Gottes Angesicht nehme ich dich an als meine Frau/als meinen Mann. Ich verspreche dir die Treue in guten und bösen Tagen, in Gesundheit und Krankheit, bis der Tod uns scheidet«, da hatte ich echt einen Kloß im Hals. Die zwei wussten, was das bedeutet! Die hatten das schon mal durchgemacht: die schlechten Tage, die Krankheit, den Tod – und wollten sich trotzdem wieder darauf einlassen. Das ist die App, die ich meinte, das »Wow, das ist ja göttlich«.

Ich weiß, dass »bis der Tod uns scheidet« eine riesige Herausforderung ist und dass längst nicht alle Paare sie bewältigen. Aber an den Goldhochzeiten, den diamantenen und manchmal sogar eisernen Hochzeiten, die ich mitfeiern darf, sehe ich, dass es gelingen kann. Und Paare, die nicht nur standesamtlich geheiratet haben, sondern auch kirchlich, haben eine niedrigere Scheidungsrate. In Deutschland gibt es leider keine detaillierten Studien dazu – in einem Beitrag des Instituts für Demografie, Allgemeinwohl und Familie e.V. habe ich von einem rund 50 Prozent verminderten Scheidungsrisiko gelesen – aber in den USA wird zu dem Thema richtig geforscht, und danach kann man sogar noch weiter differenzieren und sagen, dass sich kirchlich getraute Paare, die ihren Glauben auch praktizieren, sogar noch seltener scheiden lassen als nichtpraktizierende Paare.

Sicher werden dabei auch Faktoren eine Rolle spielen wie der höhere soziale Druck zusammenzubleiben und die größere persönliche Hemmschwelle, sich scheiden zu lassen. Und eine niedrigere Scheidungsrate allein sagt auch nichts über die Qualität der Ehen beziehungsweise die Zufriedenheit der Ehepartner aus. Aber vielleicht setzen sich diese Paare vor dem Ja-Wort auch tiefer damit auseinander, ob sie wirklich bereit sind, ein Leben lang zum anderen zu stehen. Damit will ich weder Paaren, die nur standesamtlich heiraten, diese Ernsthaftigkeit absprechen noch behaupten, alle Paare, die kirchlich heiraten, wüssten wirklich – salopp formuliert – worauf sie sich da einlassen. Im Gegenteil: Ich gebe Papst Franziskus Recht, wenn er sagt, dass sich in der gegenwärtigen »Kultur der Vorläufigkeit« Brautleute zwar oft lebenslängliche Treue versprechen und dabei guten Willens sind, aber nicht wirklich wissen, was das Sakrament der Ehe bedeutet.

Da sind meiner Meinung nach wir Priester gefordert, eine gute Ehevorbereitung zu machen. Bei mir ist es schon vorgekommen, dass sich Paare nach dem Trauegespräch entschlossen haben, doch nicht oder noch nicht zu heiraten. Einmal hat eine Braut ihre Trauung sogar fünf Tage vorher abgesagt. Das soll aber keinesfalls bedeuten, eine Ehevorbereitung sei dann gut, wenn sie die Paare vom Heiraten abhält – am Ende noch, indem sie Angst davor macht. Nein, sie sollte nur dazu führen, dass Männer und Frauen sich ehrlich mit der Frage auseinandersetzen, ob sie dazu bereit sind, eine christliche Ehe einzugehen mit allem, was dazugehört: die Liebe als Fundament, die Treue, die Unauflöslichkeit, der beiderseitige Kinderwunsch ... Letztlich geht es um die Fragen »Bin ich überhaupt dazu berufen zu heiraten? Und wenn ja: Bin ich der richtige Ehemann für diese Frau? Ist sie die richtige Ehefrau für mich?« Eine hundertprozentige Sicherheit wird es bei der Beantwortung nie geben, aber wer diese Fragen nach bestem Wissen und Gewissen für sich mit »Ja« beantwortet, der braucht vor der Größe des Eheversprechens keine Angst zu haben, denn Gottes Segen wird auf dieser Ehe liegen. Ich persönlich bin der festen Überzeugung, dass in kirchlich geschlossenen Ehen Gott mit im Bunde ist und dass sich das positiv auf die Ehe auswirkt: auf ihre Stabilität und ihre Qualität! Erst recht, wenn Paare ihre Beziehung zu Gott pflegen und leben. Wohlgemerkt: Das heißt nicht, dass es dann keine Krisen gibt, keine Zweifel, keine gegenseitigen Verletzungen. Aber es heißt, dass Krisen besser überwunden werden können, dass die Zweifel nicht die Oberhand gewinnen und dass auf Verletzungen auch Vergebung folgen kann und Heilung.

Immer wieder darf ich das erfahren, wenn ich mit Eheleuten auf Paar-Exerzitien unterwegs bin, die die Kirche (genau genommen: die Ehepastoral) im Erzbistum Köln anbietet. Zuletzt war ich im Oktober 2016 mit Ehepaaren in Assisi auf den Spuren des heiligen Franziskus und der heiligen Klara, und es waren ganz tolle, intensive Tage. An diesem inspirierenden Ort haben die Paare sich viel Zeit füreinander nehmen können. Sie konnten, jede und jeder für sich, ihre Gedanken ordnen und sich darüber austauschen – sowohl mit dem Partner als auch mit einem Seelsorger oder einer Seelsorgerin, sowohl in geschlechterspezifischen Gruppen als auch in der Gesamtgruppe. Dabei ging es einerseits um rückblickende Fragen wie »Wo in unserer Ehe ist uns Gott begegnet? Wo haben wir ihn erfahren dürfen? Wo vielleicht schmerzlich vermisst?« und um ausblickende Fragen wie »Was ist unsere gemeinsame Sehnsucht? Worauf wollen wir zusteuern?« Jeden Tag haben wir zusammen die heilige Messe gefeiert und mit den Ohren und mit dem Herzen Gottes Wort gehört. Nach und nach haben die Paare immer offener miteinander gesprochen – auch über Verletzungen, über Schuld und Vergebung. Ich glaube, dass manche Ehe in diesen Tagen gestärkt worden ist, und danke Gott dafür, dass ich dabei sein durfte.

Nicht »Amen und Tschüss«: Kirche begleitet Paare auf ihrem Weg

Es ist ja nicht so, als würde die Kirche sich fröhlich aufs Trauen beschränken und nach ihrem »Was Gott verbunden hat, das darf der Mensch nicht trennen«-Spruch sagen: »Seht zu, wie ihr jetzt damit klarkommt!« In der Ehepastoral bieten wir Kommunikationskurse an und Stresspräventionstraining, wir organisieren Oasentage und Besinnungswochen für Paare, feiern Segnungsgottesdienste und Ehejubiläen, lehren natürliche Empfängnisregelung und begleiten Paare mit unerfülltem Kinderwunsch. Es gibt Angebote für Paare, die Eltern werden, für Paare im Ruhestand, für Paare in Trennungs- oder Scheidungssituationen, Veranstaltungen von »Kulinarisches für die Liebe« bis zu »Sexualität im Alter« und natürlich die individuelle Hilfe in der Ehe-, Familien- und Lebensberatung.

Und neben allen institutionellen Angeboten habe ich zu ganz vielen der Paare, deren Traupriester ich sein durfte, auch noch persönlichen Kontakt. Ich habe ein Fotoalbum mit den Bildern und Namen all »meiner« Brautleute und bete regelmäßig für sie. Paaren, mit denen ich per Facebook oder WhatsApp verbunden bin, gratuliere ich zum Hochzeitstag und manchmal ist das Anstoß für ein »Komm uns doch mal besuchen« oder für eine kurze Rückmeldung, wie es ihnen gerade geht. Viele melden sich, wenn sie Eltern werden und fragen, ob ich das Kind taufen würde. Bei anderen geht es um das Ehejubiläum der Eltern oder um die Beerdigung von Vater oder Mutter. So werde ich mit der Zeit bei manchen zu einer Art »Familienpriester«. Es kommt auch vor, dass Paare sich bei mir melden, wenn es Probleme gibt in der Ehe, und mich um Begleitung im Gebet bitten oder um meinen Rat.

Bevor jetzt jemand denkt: »Super Berater! Der hat als Priester doch so viel Ahnung von der Ehe wie die Kuh vom Melken«, dem sei Zweierlei gesagt. Erstens: Man muss nicht jede Erfahrung selbst gemacht haben! Man kann auch aus dem Erfahrungsschatz anderer schöpfen – und manchmal ist es sogar hilfreicher, wenn jemand »von außen« auf eine Angelegenheit schaut, ohne gleich eigene Befindlichkeiten mit einzubringen. Es ist nämlich gar nicht so einfach, sich bei der Beurteilung einer Sache freizumachen von positiven oder negativen Erfahrungen, die man selbst gemacht hat. Das kann einem manchmal regelrecht die Sicht versperren.

Und zweitens: Nur, weil wir Priester unverheiratet sind und zölibatär leben, heißt das ja nicht, dass keiner von uns Beziehungserfahrung hat. Wir sind ja nicht mit »Kalkleiste«, dem weißen Priesterkragen, auf die Welt gekommen. Ich selbst habe nach ersten vorsichtigen Gehversuchen in Sachen Beziehung mit 17 Jahren schließlich erfahren dürfen, was es heißt, einen anderen Menschen wirklich zu lieben. Eine Frau zu lieben – und von ihr geliebt zu werden. Und ich bin Gott sehr dankbar dafür, denn ich glaube, ich könnte kein guter Priester sein, wenn ich diese Erfahrung nicht gemacht hätte. Natalia hat mich gelehrt, was Liebe zwischen Mann und Frau ist, was ihr dient und was ihr schadet, wie zerbrechlich sie ist und dass sie viel mit Verantwortung zu tun hat. Verantwortung, für die mir – das muss ich mir rückblickend eingestehen – als junger Mann die nötige Reife gefehlt hat. Aber ich bin so froh, dass es diese Art der Liebe in meinem Leben gegeben hat. Das hilft mir heute zum Beispiel enorm in meiner Arbeit als Jugendseelsorger, wenn die Jugendlichen mir davon erzählen, verliebt zu sein oder wenn sie Liebeskummer haben. Ich weiß, wie sich das anfühlt. Ich kenne den Unterschied zwischen Verliebtheit und Liebe. Ich weiß, was es heißt, jemanden zu vermissen. Wie es sich anfühlt, eifersüchtig zu sein. Wie schön es sein kann, sich körperlich und seelisch nahe zu sein. All das macht mich zu einem besseren Seelsorger – auch, wenn Ehepaare mir von ihren Problemen berichten.

Aber über die eigenen Erfahrungen hinaus gilt wie gesagt: Wenn man als Priester offen ist für die Menschen, wenn man für sie da ist und sie ernst nimmt, dann bekommt man unheimlich viel davon mit, wie Partnerschaft funktioniert und wie nicht. Je mehr Kontakt man zu anderen hat und je weniger oberflächlich dieser ist, umso mehr lernt man. Und als Seelsorger hat man nun einmal zu vielen Menschen oft tiefgehenden Kontakt. Die Menschen zu lieben und Anteil zu nehmen an ihrem Leben, das ist meine Berufung. Ich behaupte deswegen, dass ich mich ganz gut in andere hineinversetzen kann, und das ist sehr hilfreich, wenn ich in Beziehungsfragen um Rat gebeten werde.

Ein Beispiel mag sein, dass ich mit der Zeit die verschiedenen Liebessprachen kennengelernt habe. Danach drücken Menschen ihre Zuneigung auf unterschiedliche Art und Weise aus: Der eine macht Geschenke, die von Herzen kommen, um jemandem zu zeigen, wie viel er oder sie ihm bedeutet. Ein anderer verleiht seinen Gefühlen vor allem durch Zärtlichkeit Ausdruck, durch Berührungen, Küsse und Sex. Wieder ein anderer zeigt seine Liebe durch große Hilfsbereitschaft und dadurch, dass er – auch ungefragt – dem Partner Arbeit abnimmt.

Es kann sehr hilfreich sein zu überlegen, welche Liebessprache man selber am häufigsten spricht und welche vielleicht die vorrangige des Partners ist. Sonst kann es passieren, dass eine Person, die ihre Gefühle in erster Linie durch Zärtlichkeit ausdrückt, sich von einer anderen, deren »Liebesmuttersprache« die Hilfsbereitschaft ist, nicht ausreichend geliebt fühlt. Schnell kann es dann zu falschen Schlüssen und Vorwürfen kommen, weil jemand nicht sieht, dass der oder die andere mit jedem Mal Müll-Herunterbringen oder Rasenmähen »Ich liebe dich« sagt.

Überhaupt ist es, nach allem, was ich bisher mitbekommen habe, für eine gelingende Beziehung wichtig, dass man immer wieder versucht, sich in den Partner hineinzuversetzen. Und das ist umso leichter, je offener man miteinander redet, denn Liebe allein schenkt uns – entgegen manch romantisierender Darstellung in Büchern oder Filmen – nicht die Fähigkeit, die Gedanken des anderen zu lesen. »Wenn er mich liebt, müsste er doch wissen, was ich fühle«, ist ein fataler Irrtum. Jedenfalls so lange es um einen anderen Menschen geht. Bei Gott sieht die Sache anders aus. Nicht umsonst sagt er zum Beispiel dem Propheten Jeremia: »Ich habe dich schon gekannt, ehe ich dich im Mutterleib bildete, und ehe du geboren wurdest, habe ich dich erwählt.« (Jeremia 1,5) Gott ist unser Schöpfer. Er kennt uns in- und auswendig. »Herr, du hast mich erforscht und du kennst mich«, heißt es in Psalm 139. »Ob ich sitze oder stehe, du weißt von mir. Von fern erkennst du meine Gedanken. Ob ich gehe oder ruhe, es ist dir bekannt; du bist vertraut mit all meinen Wegen. Noch liegt mir das Wort nicht auf der Zunge – du, Herr, kennst es bereits.« Genau das ist übrigens der Grund, weshalb Beten viel weniger Worte bedarf als viele annehmen. Aber darauf komme ich später noch einmal zurück ... hier geht es ja nicht um die Kommunikation mit Gott, sondern um die mit dem Partner. Und die kommt eben nicht ohne Worte aus. Deshalb habe ich auch bei der Trauung von Daniela Katzenberger und Lucas Cordalis am Schluss meiner Predigt gesagt:»Redet immer so viel, wie es geht, miteinander und vertraut auf Gottes Liebe. Und so Gott will, und ihr die Liebe weiterhin lebt, feiern wir in 25 Jahren miteinander Silberhochzeit.«

Audienz beim Papst für alle frisch Vermählten
Zu dem Segen, den ich ihnen dafür zugesprochen habe, ist im September noch ein weiterer hinzugekommen: kein geringerer als der von Papst Franziskus. Jedes Ehepaar, das katholisch geheiratet hat, kann innerhalb von drei Monaten nach der Trauung an einer Generalaudienz teilnehmen und sich vom Papst segnen lassen. Beim deutschen Pilgerzentrum kann man Sonderkarten dafür beantragen, mit denen die Neuvermählten dann Plätze näher am Papst bekommen. Als ich Daniela und Lucas – wie allen anderen Brautpaaren auch – von der Möglichkeit erzählt habe, waren die zwei gleich ganz angetan von der Idee. Das Größte wäre für sie gewesen, hätte Franziskus ihre Tochter Sophia gesegnet, aber Kinder können nicht mit in diesen speziell für die Eheleute ausgewiesenen Bereich. In seinen Segen hat der Papst aber die geborenen und ungeborenen Kinder der Paare ausdrücklich mit einbezogen, was die beiden dann sehr gefreut hat.

Für mich war es schön, Daniela und Lucas mit etwas Abstand zur Trauung wiederzusehen und mit den beiden darüber zu sprechen, wie es ihnen seit der Hochzeit ergangen ist. RTL II hatte mich gebeten, die zwei in Rom zu begleiten und ihnen und den Fernsehzuschauern ein wenig zu erklären über das Drumherum der Ge-

neralaudienz, also »Was ist eine Audienz überhaupt?«,
»Was macht man da?«, »Wie läuft das ab?« und solche
Dinge. Besonders gefreut habe ich mich, als Lucas mich
auf dem Weg zum Petersplatz bat, für ihn und Daniela
zu beten. Da waren wir im Auto, ohne Kameras, und
ich konnte spüren, dass der Papstsegen für ihn wirklich
ein richtig spirituelles Ereignis war. Eines, das auch auf
Daniela großen Eindruck gemacht hat. »Also ich hätte
nicht gedacht, dass ich so nervös sein könnte«, sagte sie
hinterher in der Sendung. Aber die Stimmung und die
Atmosphäre seien schon etwas ganz Besonderes gewesen. O-Ton Daniela auf dem Petersplatz: »Fast wie beim
Justin-Biber-Konzert. Nur, dass hier jemand kommt, der
schon fast 80 ist und der oberste Chef von der katholischen Kirche.« Was die Papstaudienz vom Popkonzert
unterscheidet, hat sie dann gespürt, als der Papst da war.
»Wenn der Papst spricht, da kann man eine Stecknadel
fallen hören«, sagte sie. »Ich hab richtig Gänsehaut bekommen. Das ist eine wahnsinnige Stimmung, die da
herrscht, und jeder hört da ganz andächtig zu und ist
dann auch wirklich so in sich gekehrt und jeder betet
mit – ich find's ganz toll.«
Was mich persönlich sehr gefreut hat, war zum einen ein Satz des Kommentators, der meinte: »Für Lucas
hat der Glaube immer eine große Rolle gespielt. Auch
Daniela ist seit Sophias Geburt reifer geworden. Nach
Taufe und Trauung ist das ihr drittes kirchliches Groß-
ereignis innerhalb eines Jahres.« Das ist nämlich genau
der Punkt, des »Wachsens am Glauben des Partners«,
von dem ich weiter vorne geschrieben habe. Und was ich
auch toll fand, war Danielas Kommentar zur Audienz,
dass man »nicht jeden Sonntag in die Kirche gehen oder
mega gläubig sein muss, um da hingehen zu dürfen«.
»Ich darf trotzdem sagen, dass das toll ist und dass das

für mich was Besonderes ist«, meinte sie. Und genau das ist es: Jeder ist herzlich eingeladen, zum Papst zu kommen und sich anstecken zu lassen von der Atmosphäre dort und der Ausstrahlung dieses wunderbaren Mannes. Wie Lucas in der Sendung sagte: »Man spürt schon diesen Geist des Heiligen Vaters!« Für ihn »einer der wichtigsten, einflussreichsten und spektakulärsten Menschen der Welt«. Eine Einschätzung, die ich nur teilen kann, und deswegen möchte ich Franziskus und seinen Vorgängern auch ein eigenes Kapitel widmen. Vorhang auf für die Päpste.

Audienz bei Papst Franzikus am 4. Februar 2015 in der Audienzhalle im Vatikan.
© privat

Audienz bei Papst Benedikt XVI. am 2. Januar 2013 in der Audienzhalle im Vatikan.
© privat

FRANZISKUS

oder: Es lohnt sich, den Papst keinen guten Mann sein zu lassen

3

Ich schaue auf den Fernsehbildschirm: Nichts tut sich. Mein Blick fällt auf die Tasche, die gepackt im Flur steht. Habe ich alles? Bestimmt. Was sagt die Uhr? Kurz nach sieben. Eigentlich hätte ich längst losfahren müssen. Die Mitarbeiter meiner Katholischen Jugendagentur sind schon seit Mittag im Tagungshaus Maria in der Aue. Komm schon, dieser Wahlgang noch. Ich schaue wieder auf den Fernseher und plötzlich sehe ich Rauch: weißen Rauch. Weißer Rauch!!! Ich lasse alles stehen und liegen, setze mich ins Auto und rase zu meinen Eltern. Diesen Moment möchte ich mit ihnen teilen. Als wir zusammen auf der Terrasse vor dem Fernseher sitzen, stellt sich heraus: Dieser Moment zieht sich ... und zieht sich ... und zieht sich. Das dauert ungewöhnlich lange. Was ist da in Rom passiert? Hat der neu gewählte Papst vor Schreck einen Herzinfarkt bekommen?

Über eine Stunde, nachdem weißer Rauch aus dem Schornstein der Sixtinischen Kapelle aufgestiegen ist, tut sich endlich etwas auf dem Balkon: Die Vorhänge werden zur Seite gezogen, die Türen geöffnet. Kardinal-Protodiakon Jean-Louis Tauran kommt heraus und verkündet mit einem leichten Quietschen in der Stimme: »Annuntio vobis gaudium magnum: habemus papam!« (»Ich verkündige euch große Freude: Wir haben einen Papst!«) Jubel auf dem Petersplatz. Ich halte den Atem an. Wer ist es? »Den herausragendsten und hochwürdigsten Herrn, Herrn Jorge Mario, der Heiligen Römischen Kirche Kardinal Bergoglio, welcher sich den Namen Franziskus gegeben hat.« Ber...wer? Hä? Nie gehört! Bergoglio? Klingt italienisch. Dabei hatte ich so gehofft, es würde kein Italiener, kein Europäer. Schnell habe ich den Namen bei Wikipedia eingegeben. Jorge Mario Bergoglio ... Erzbischof von Buenos Aires. Ach! Doch im gleichen Moment, in dem die Enttäuschung über den vermeintlichen Italiener dem Erstaunen über den Argentinier weicht, weicht das Erstaunen auch schon dem Entsetzen, als ich das Bild dieses Erzbischofs sehe: Ist der alt! 1936 geboren? Das darf doch nicht wahr sein! Nach und nach aber dringen auch andere Informationen zu meinem Gehirn durch. Ein Jesuit. Der erste Papst überhaupt aus Lateinamerika. Ein neuer Name –

kein Paul VII., kein Johannes XXIV., kein Pius XIII. –
Franziskus.

Als er in Rom auf den Balkon tritt, schwanke ich immer noch zwischen Erstaunen und Entsetzen. Da steht ein alter Mann mit unbewegter Miene und rührt sich nicht. Bin ich im falschen Film? Doch dann macht Franziskus den Mund auf:»Brüder und Schwestern, guten Abend!« Er lächelt – und ich auch. Aus seinen Worten, aus seinen Augen strahlt Freundlichkeit.»Buona sera!« Es sei Aufgabe des Konklaves gewesen, Rom einen Bischof zu geben, sagt der Papst.»Wie es scheint, sind meine Kardinalsbrüder nahezu bis ans Ende der Welt gegangen, um ihn zu bekommen ...« Die Menschen lachen. Schon mit seinen ersten Worten hat Franziskus ihre Herzen gewonnen. Sein Auftreten ist erfrischend: so menschlich, so freundlich. Er betet für seinen Vorgänger, Benedikt XVI. Er spricht davon, sich jetzt gemeinsam auf den Weg zu machen, Bischof und Volk.»Einen Weg der Brüderlichkeit, der Liebe, des Vertrauens zwischen uns.« Starke Worte! Bevor er den Segen erteilt, bittet Franziskus, das Volk möge erst für ihn beten. Ich bin beeindruckt: Was für eine Wertschätzung der Menschen und ihres Glaubens. Was für ein starkes Zeichen! Auch als Priester können wir nur weitergeben, was wir selbst empfangen. Die folgende Stille auf dem Petersplatz ist von einer überwältigenden Intensität. Auch ich bete in dem Moment für Franziskus. Ich erbitte Gottes Segen für diesen Papst, der sich selbst gerade lediglich »Bischof von Rom« genannt hat, der ohne jede Machtinsignien auf den Balkon getreten ist, der als erstes »Guten Abend« gesagt und um den Segen der Menschen für ihn gebetet hat.

Von seinem ersten Auftreten an war mir klar: Ich möchte mehr über diesen Mann wissen. Ich möchte ihn besser kennenlernen. Die Meldungen der nächsten Tage

– Franziskus hat die Papstlimousine stehen lassen und ist mit den Kardinälen im Bus zurück zur Unterkunft gefahren, er hat seine Rechnung im Hotel selbst bezahlt, er will nicht in die päpstlichen Gemächer einziehen, sondern im Gästehaus wohnen bleiben – bestärken meinen Wunsch nur. Ich will wissen: Was hat diesen Menschen geprägt? Wo kommt er her? Was sind seine theologischen Linien? Als zwei Wochen später das erste Buch über ihn erscheint, verschlinge ich es in einem Rutsch. Inzwischen habe ich an die 90 Bücher über Franziskus und ein Drittel davon auch gelesen. Aber viel wichtiger als das, was andere über ihn schreiben, ist mir, was er selbst schreibt und sagt. Seit seiner Wahl habe ich jedes Wort von ihm aufgesogen. Ich lade mir alle Predigten von ihm als Podcast herunter, alle Ansprachen und was er bei den Angelus-Gebeten und Audienzen sagt ... und wenn ich mir das anhöre, bin ich immer wieder aufs Neue beeindruckt: von der Schlichtheit und Wahrheit seiner Worte, von seiner Herzlichkeit und Ehrlichkeit, von seiner Menschenfreundlichkeit und von der Beharrlichkeit, mit der er Christus nach vorne stellt. Ich fühle mich ihm in ganz vielen Dingen sehr verbunden: in dem Bemühen um eine einfache, verständliche Sprache, in der Betonung der Barmherzigkeit, in seiner Zugewandtheit zu den Menschen, in seiner oft unkonventionellen Art. Dass Franziskus immer wieder mal für eine Überraschung gut ist, ist für mich ein starkes Zeichen, dass Gott mit ihm ist, denn der Gott, an den ich glaube, ist immer auch ein Gott des Unerwarteten. Was dieser Papst sagt und tut, bestätigt mich in meiner Arbeit. Es gibt mir Kraft und inspiriert mich – und noch heute zehre ich von den persönlichen Begegnungen mit ihm.

Franziskus schenkt volle Aufmerksamkeit

Nachdem ich Anfang 2013 Papst Benedikt XVI. bei einer Generalaudienz den Taschenkalender überreichen durfte, den ich im Auftrag der Macher des Jugendkatechismus Youcat gestaltet hatte (mehr darüber im folgenden Kapitel), schwirrte mir der Gedanke im Kopf herum, den neuen Kalender auch dem neuen Papst zu überreichen. Zunächst hatte ich allerdings Bedenken, um eine entsprechende Gelegenheit zu bitten, weil ich nicht zu viel verlangen wollte. Ich dachte: Du hast beim ersten Mal so ein Glück gehabt – jetzt mach dich nicht lächerlich, indem du es schon wieder versuchst. Beim ersten Mal nämlich war mein Gesuch, das ich dem Papstsekretär Georg Gänswein gefaxt hatte, abgelehnt worden. Da ich aber Monate vorher einen unglaublich realistischen Traum hatte, wie ich Benedikt XVI. meinen Kalender überreiche, dachte ich:»Das kann nicht wahr sein«, und habe einfach exakt die gleiche Anfrage noch einmal per Post geschickt. Zwei Wochen später kam die Zusage, ich könne kommen. Für mich ein Lehrstück, niemals aufzugeben, wenn man an etwas wirklich glaubt.

Doch mit dieser Vorgeschichte hatte ich Hemmungen, beim zweiten Kalender erneut um eine Audienz zu bitten. Ich dachte: Bestimmt werden die sagen»Ist jetzt mal gut, Fink? Du warst schließlich schon dran!« Doch dann bekam ich eine E-Mail von einem Mädchen, dem ich den Kalender geschenkt hatte, ehe es als Au Pair nach Amerika gegangen ist. Im Anhang ein Bild von ihr mit dem Kalender in der Hand vor der Golden Gate Bridge. Ich freute mich: Mein Kalender in San Francisco! In San Francisco?! Der Stadt, die nach dem heiligen Franziskus benannt ist? Darin wollte ich keinen Zufall sehen: Umgehend schrieb ich an den Präfekten des Päpstlichen Hauses, Georg Gänswein, und bat darum, Papst Franziskus mein Werk übergeben zu dürfen. Keine zwei Wochen später kam das Okay, und am 5. März 2014 stand ich bei der Generalaudienz auf dem Petersplatz in der ersten Reihe. Außer dem Kalender hatte ich einen Stapel von etwa 40 Bildern und Briefen dabei von Kindern und Jugendlichen aus dem Oberbergischen Kreis. Bei Facebook hatte ich nämlich gepostet, dass ich Papst Franziskus treffen würde und angeboten, ihm Briefe der Jugendlichen persönlich weiterzugeben. Ich will solche Höhepunkte ja nicht nur für mich genießen, sondern nach Möglichkeit immer andere mit hineinnehmen in meine Freude. Als Franziskus dann vor mir stand, habe ich kurz erklärt, wer ich bin, was es mit dem Kalender und den Briefen auf sich hat und dass ich ihm beides schenken möchte. Ganz interessiert hat er zugehört, da er auch etwas Deutsch versteht. Danach habe ich all meinen Mut zusammengenommen und gefragt, ob ich ihn umarmen dürfte. Sofort hat er mich in den Arm genommen, und da habe ich die Gelegenheit genutzt, ihm zu danken und zu sagen, dass er mich motiviert, ein besserer Christ und Priester zu sein. »Beten Sie für mich«, hat er mir ins Ohr gesagt – und das tue ich. Jeden Tag! Wenn ich das nicht einhalten würde, hätte ich ein tierisch schlechtes Gewissen.

Insgesamt hat die Begegnung mit Franziskus vielleicht 40 Sekunden gedauert, aber ich werde sie nie vergessen. Es ist unglaublich, wie dieser Mensch ganz bei dir ist, wenn er vor dir steht. Was für eine Freude er ausstrahlt, dir begegnen zu dürfen. Wie er dir in die Augen und in die Seele schaut. Er gibt dir das Gefühl, in diesem Moment der wichtigste Mensch überhaupt zu sein. Bei der Audienz waren um die 40 000 Leute auf dem Platz und ungefähr 80 andere, die den Papst auch kurz sprechen durften, aber ich hatte das Gefühl, es gäbe plötzlich nur ihn und mich. Auch bei der zweiten Begegnung am 4. Februar 2015 (wieder durfte ich meinen Kalender übergeben) habe ich das so erlebt. Seine Ausstrahlung lässt einen Wertschätzung, Liebe, Dankbarkeit und Heilung erfahren. Mir ist das ein großer Ansporn, den Menschen, denen ich als Seelsorger begegne, genauso eine ungeteilte Aufmerksamkeit zu schenken und sie spüren zu lassen: Du bist mir wichtig und ich nehme mir Zeit für dich. Ich habe vielleicht nur eine halbe Stunde, aber in der bin ich wirklich ganz bei dir.

Das ist nur eine der Sachen, in denen Franziskus mir ein großes Vorbild ist und jemand, von dem ich viel lernen kann. Ich bin ja grundsätzlich der Überzeugung, dass man viel von anderen Menschen lernen kann, weil einem in jedem von ihnen Gott begegnen kann. Das gilt natürlich auch, wenn nicht erst recht, für den »Stellvertreter Christi« auf Erden. Es lohnt sich deshalb, sich näher mit dem jeweiligen Papst zu beschäftigen. Ich weiß, dass viele Menschen nicht nur den lieben Gott gerne einen guten Mann sein lassen, sondern erst recht den »Mann in Rom«. Als ich jung war, war Johannes Paul II. für mich gedanklich ja auch ewig weit weg. Aber zu schauen, was den Papst bewegt und was er den Menschen mitgeben möchte, kann wirklich ein Gewinn sein für das eigene (Glaubens-)Leben.

Mit Johannes Paul II. habe ich mich leider erst beschäftigt, als es ihm nicht mehr gut ging. Vorher hat er mich nicht groß interessiert. Er war halt Papst und das, seit ich denken konnte. »Gut, dass es ihn gibt – und Punkt«, war meine Einstellung. Diese spiegelt sich auch in einem Foto wider, das im Jahr 2000 entstanden ist. Anlässlich des Heiligen Jahres haben wir als Priesteramtskandidaten eine Wallfahrt nach Rom gemacht und in deren Rahmen auch eine Generalaudienz besucht.

Danach hieß es, »Gruppen können Fotos machen mit dem Papst«, und ehe ich mich versah, stand ich auf einem Gruppenfoto in der hinteren Reihe drei Meter vom Papst entfernt. Ich habe ihn damals nicht auf Polnisch begrüßt, ich habe ihn nicht um seinen Segen gebeten, ich habe ihm nicht persönlich für seinen Dienst gedankt … ich habe gar nichts gemacht. Ich habe einfach nicht kapiert, welche Gelegenheit sich mir da bot. Heute bedauere ich das sehr und ich habe mir fest vorgenommen, Chancen wie diese in Zukunft nicht mehr verstreichen zu lassen. Wenn das Leben dir eine offene Tür zeigt – und sei sie auch nur angelehnt – geh hindurch.

Lektion gelernt: »Nutze Chancen, die sich dir bieten«
Genau genommen habe ich mir sogar angewöhnt, auch bei verschlossenen Türen einfach mal die Klinke herunterzudrücken und zu schauen, ob sie nicht vielleicht aufgehen. So bin ich zum Beispiel zu meiner ersten Begegnung mit Papst Benedikt XVI. gekommen bei der Abschlussmesse des Weltjugendtags 2005. Nachdem ich an der angezeigten Ausgabestelle mein Messgewand abgeholt hatte, bin ich nicht linksherum gegangen zu den für Priester vorgesehenen Plätzen unten am Papsthügel, sondern einfach rechtsherum einem der Bischöfe gefolgt, die Plätze oben im Altarraum hatten. Ich dachte mir: Versuche es einfach. Was soll Schlimmeres passieren, als dass dich jemand wegschickt, weil dir der Ausweis für diesen Bereich fehlt? Doch niemand wollte meinen Ausweis sehen, niemand hat mich weggeschickt. – Den Blick von oben auf die über eine Million Jugendlichen aus aller Welt, die fröhlich ihren Glauben feierten, werde ich nie vergessen. Das war für mich ein Vorgeschmack auf das Reich Gottes.

Beim Einzug zur Messe kam Papst Benedikt XVI. relativ nah an meinem Platz vorbei. Ich hoffe, er ist nicht erschrocken, denn da ich die Nacht bei meiner Jugendgruppe auf dem Feld geschlafen hatte, standen meine Haare wild ab in alle Himmelsrichtungen, und um sie halbwegs zu bändigen, hatte ich mir das rote Halstuch mit dem Weltjugendtagslogo zu einem Stirnband gedreht und umgebunden. Ich muss ausgesehen haben wie Rambo! So viel zur Lektion »Nutze Chancen, die sich dir bieten.« Das nächste Mal, dass ich Johannes Paul II. so nahe gekommen bin wie bei dem Gruppenfoto in Rom, war erst nach seinem Tod. Als seine Parkinson-Erkrankung immer deutlicher sichtbar wurde, habe ich mitgelitten, und nach und nach ist mir bewusst geworden, dass dieser Papst nicht immer da sein würde – auch, wenn ich es nicht anders kannte. Dass er offensiv mit seiner Krankheit umging, hat mir imponiert. Und als die Rufe immer lauter wurden, er müsse um seiner selbst und der Kirche willen das Papstamt niederlegen, habe ich mich gefragt: Was ist das für ein Mensch, der öffentlich leidet und sagt: »Jesus ist auch nicht vom Kreuz herabgestiegen«? Mehr als jede Biografie, die ich daraufhin gelesen habe, hat ihn mir der Film »Karol – Ein Mann, der Papst wurde« näher gebracht. Es hat mich zutiefst beeindruckt, wie dieser Karol Wojtyła nach allem Leid und aller Grausamkeit, die er erlebt hat, trotzdem an Gott festhielt. Er hat erkannt, dass die Liebe der einzige Weg ist, das Böse zu besiegen. Wie auch der Apostel Paulus sagt: »Lass dich nicht vom Bösen besiegen, sondern besiege das Böse durch das Gute!« (Römer 12,21) Wenn die Liebe nicht siegt und mit ihr die Vergebung, wird das Böse in immer anderer Gestalt wiederkehren. An dieser Überzeugung hat Johannes Paul II. auch festgehalten nach dem Attentat auf ihn. Demjenigen, der ihn töten wollte, hat er vergeben, hat ihn im Gefängnis besucht und ihn Bruder genannt. Das hat mich sehr beeindruckt.

Ähnlich wie auch zum Osterfest im Jahr 2000 seine Bitte um Vergebung für die Verfehlungen der Kirche im Laufe ihrer Geschichte. Schon im Vorfeld hat der Papst dafür viel Kritik einstecken müssen, aber die prallte an ihm ab wie an einem Fels in der Brandung. Ich finde, so muss ein Papst auch sein: Jemand, an dem man sich reiben kann, der aber nicht umknickt, sondern festhält an dem, wovon er überzeugt ist.

Auch den Weltjugendtag hat Johannes Paul II. gegen alle Widerstände seiner Berater ins Leben gerufen. Viele Kardinäle witterten Revolution, wenn die Jugend zusammenkäme, aber der Papst hat den Jugendlichen gesagt: »Ihr seid die Zukunft der Welt! Ihr seid die Hoffnung der Kirche! Ihr seid meine Hoffnung!« In seiner Botschaft zum XVII. Weltjugendtag schrieb er 2001: »Ich bete zum dreimal heiligen Gott, dass er [...] euch, liebe Jugendliche, zu Heiligen mache, zu den Heiligen des dritten Jahrtausends!« Johannes Paul II. hat an die prophetische Kraft der Jugend geglaubt, und darin ist er mir ebenso ein Vorbild wie in seiner Standhaftigkeit und in der Überzeugung, dass die Quintessenz des Evangeliums die Liebe ist, die sich im Tun des Guten zeigt, vor allem in der Vergebung.

Ich erinnere mich noch an den Tag seines Todes, den 2. April 2005, und daran, wie ich im Hochgebet der Vorabendmesse wie üblich gebetet habe: »Beschütze deine Kirche auf ihrem Weg durch die Zeit und stärke sie im Glauben und in der Liebe: deinen Diener, unseren Papst Johannes Paul ...« In dem Moment war mir klar: Diese Worte sprichst du zum letzten Mal. Und bei aller Traurigkeit hat mich auch eine tiefe Dankbarkeit erfüllt, dass ich während seines Pontifikats Priester geworden bin und durch diese Gebetsformel in Gemeinschaft mit ihm Eucharistie feiern durfte. Als dann kurz vor 22 Uhr überall die Glocken anfingen zu läuten und den Tod Jo-

hannes Pauls II. verkündeten, hatte ich das Gefühl, als
sei ein naher Verwandter gestorben. Ich verspürte das
dringende Bedürfnis, mich von ihm zu verabschieden,
und als in den folgenden Tagen bekannt wurde, dass sein
Leichnam aufgebahrt werden würde, habe ich spontan
beschlossen, nach Rom zu fahren. Zusammen mit drei
Bekannten bin ich am Mittwoch ins Auto gestiegen und,
ohne irgendwas gebucht zu haben, losgefahren. Wir kamen am Abend an, haben uns die Nacht um die Ohren
geschlagen und sind am nächsten Tag zum Petersplatz
gegangen. Im Radio wurde zwar durchgesagt, das würde
sich nicht mehr lohnen, die Schlangen seien zu lang und
man würde nicht mehr durchkommen, aber wir wollten
es zumindest versuchen. Tatsächlich haben wir bloß eine
Stunde angestanden und waren dann im Petersdom. Vor
dem aufgebahrten Leichnam habe ich Gott gedankt für
alles, was Johannes Paul II. mir mitgegeben hat für meinen Glauben und mein Priestersein, und ich bin heute
noch froh, dass ich ihm diese letzte Ehre erweisen durfte.
Die Exequien am Folgetag haben wir auf einer der Lein-
wände im Circus Maximus verfolgt, und das Bild hat sich
mir tief ins Gedächtnis und ins Herz eingeprägt, wie der
Wind in dem Evangeliar (Evangelienbuch) blättert, das
man auf den schlichten Sarg gelegt hatte, und es schließlich zuschlägt.

Auf Augenhöhe mit dem »Panzerkardinal«
Hauptzelebrant war damals Kardinal Joseph Ratzinger, und während seiner Predigt hatte ich plötzlich die
Eingebung, dass er der neue Papst werden würde. Seine
Wahl hat mich deswegen im Nachhinein nicht groß überrascht. Als es »Habemus papam Benedikt XVI.« hieß, war
ich ohnehin anderweitig gefordert: Ich musste nämlich
zwischen den Firmkatecheten und meinen Eltern ver-

mitteln. An dem Abend hatte ich im Pfarrhaus in Düsseldorf ein Treffen mit Leuten aus der Firmvorbereitung, und auf die Nachricht hin »weißer Rauch steigt auf« sind wir hoch in mein Wohnzimmer und haben dort zusammen mit meinen Eltern vor dem Fernseher gesessen. Als dann der Name Ratzinger fiel, waren die Firmkatecheten sichtlich entsetzt: Sie befürchteten mit dem als »Panzerkardinal« verschrienen Mann an der Spitze der Kirche einen Rechts- beziehungsweise Rückwärtsruck, und einer der Katecheten ging sogar so weit zu sagen, er würde jetzt aus der Kirche austreten. Das wiederum hat meine Eltern völlig schockiert, die nicht verstehen konnten, dass Deutsche sich nicht über einen deutschen Papst freuten. Und ich mittendrin. Meinen Eltern habe ich zu erklären versucht, dass Ratzinger als Präfekt für die Glaubenskongregation bei vielen deutschen Katholiken nicht unbedingt Pluspunkte gesammelt hat. Und die Firmkatecheten war ich zu beschwichtigen bemüht, dass man erst einmal abwarten müsse, wie er als Papst sein werde. Das konnte ich auch ganz überzeugt tun, denn bei meiner ersten Begegnung mit Joseph Ratzinger hatte mich der Mann absolut positiv überrascht.

Bei der Rom-Wallfahrt im Heiligen Jahr 2000 hatten wir ihn – einen Tag nach dem Gruppenbild mit Papst Johannes Paul II. – am Campo Santo Teutonico getroffen, dem Friedhof der Deutschen, wo er eine deutschsprachige Messe gefeiert hatte. Nach dem Gottesdienst kamen wir auf dem Kirchplatz mit ihm ins Gespräch, und ich war völlig baff, wie offen, freundlich und humorvoll uns dieser Mann begegnete, dem in der Öffentlichkeit wenig schmeichelhafte Betitelungen zugedacht wurden wie »Großinquisitor« oder »Rottweiler Gottes«. Dazu kam, dass ich vor dem Theologen Ratzinger allergrößten Respekt hatte. Sein Buch »Einführung in das Christentum« war ein Meilenstein in meinem Theologie-Studium. Da sind mir gleich mehrere Lichter aufgegangen, als ich das gelesen habe. Und sein Werk »Der Geist der Liturgie« hat mir wie kein zweites den Schatz und die Bedeutung unserer liturgischen Zeichen und Symbole erschlossen. Aber der Mann, den wir auf dem Campo Santo trafen, ließ kein bisschen den Professor raushängen, sondern begegnete uns mit Interesse und auf Augenhöhe. »Sagen Sie mal, was macht so ein Repetent eigentlich den ganzen Tag?«, fragte er – sehr zu unserer Erheiterung – unseren Repetent Stefan Heße, den jetzigen Erzbischof von Hamburg. Von uns Seminaristen wollte er wissen: »Wer von Ihnen ist denn ein echter Kölner?« Und als sich ein einziger meldete und, nach seinem Namen gefragt, die Antwort gab »Domagoj Vuletic«, war das Gelächter groß. Freimütig erzählte der damals 73-jährige Ratzinger, wie froh er sei, in zwei Jahren als Ruheständler in seine bayerische Heimat zurückkehren zu können, wo er Bücher schreiben und zusammen mit seinem Bruder in Ruhe den Lebensabend genießen werde. Auf die Gefahr hin, dass es angeberisch klingt … schon damals dachte ich: »Freu dich mal nicht zu früh! Wer weiß, ob das mit dem Ruhestand klappt.« Unterm Strich hat mich diese Begegnung mit Kardinal Ratzinger gelehrt, dass man sich nie zu sehr auf das von Medien vermittelte Bild eines Menschen verlassen sollte, sondern nach Möglichkeit den persönlichen Kontakt suchen und sich ein eigenes Urteil bilden sollte. Zu diesem passte auch, dass sich Joseph Ratzinger – zweifelsohne einer der schlauesten Köpfe, die wir in der katholischen Kirche hatten und haben – nach seiner Wahl zum Papst als »einfacher Arbeiter im Weinberg des Herrn« bezeichnet hat. Die Demut, die aus diesen Worten spricht, hat mich sehr beeindruckt – und ich weiß, dass ich mir davon eine Scheibe abschneiden könnte.

Wenn ich überlege, worin mir Benedikt XVI. sonst noch ein Vorbild ist, was ich von ihm gelernt habe oder worin er mich geprägt hat, dann fallen mir allerdings nicht nur positive Dinge ein. Sein Pontifikat hat mich zum Beispiel gelehrt, dass ein guter Theologe nicht zwangsläufig ein guter »Anführer« ist und dass es, um eine Leitungsposition auszufüllen, mehr braucht als dafür gewählt zu sein. Ich hatte oft den Eindruck, Benedikt XVI. sei als Papst etwas überfordert gewesen – nicht damit, geistlicher Leiter der katholischen Kirche zu sein, sondern damit, Staatsmann zu sein. Fehlendes Durchsetzungsvermögen und falsche Berater haben meiner Meinung nach dazu geführt, dass sich Strukturen an ihm vorbei entwickelt haben, wie die Vatileaks-Affäre gezeigt hat. Oft fiel es mir in Diskussionen schwer, diesen Papst zu verteidigen – und das musste ich immer wieder, etwa wenn es um die tridentinische Messe ging oder um den Umgang mit den Piusbrüdern.

Aber falls jetzt jemand denkt, »Siehste, völlig überholt, das Papstamt. Nicht mal die Priester stehen hinter dem alten weißen Mann«, muss ich entschieden widersprechen. Ich finde es sehr gut und wichtig, dass wir einen Papst haben, weil es jemanden geben muss, der letztverantwortlich ist. Ich wünschte, so jemanden gäbe es im Islam. Nicht umsonst gibt es Muslime oder auch evangelische Christen, die uns um das Papstamt beneiden, denn das ist etwas, was verbindet und zusammenhält. Und auch Jesus hat gewollt, dass es einen gibt, der anführt und der letztlich den Kopf hinhält: »Ich aber sage dir: Du bist Petrus und auf diesen Felsen werde ich meine Kirche bauen und die Mächte der Unterwelt werden sie nicht überwältigen«, hat er dem Simon gesagt.

»Ich werde dir die Schlüssel des Himmelreichs geben;

was du auf Erden binden wirst, das wird auch im Himmel gebunden sein, und was du auf Erden lösen wirst, das wird auch im Himmel gelöst sein.« (Matthäus 16,18-19)

Päpste nicht gegeneinander ausspielen

Dass ich es grundsätzlich gut finde, dass wir einen Papst haben, muss aber nicht heißen, dass ich jede Entscheidung gut finde, die ein Papst trifft. (Und wer jetzt die Unfehlbarkeit anführen will … die gilt nur, wenn ein Papst in seinem Amt als Lehrer aller Christen eine Glaubensfrage als endgültig entschieden verkündet, weil sie ihm von Gott offenbart wurde. Das ist seit der Einführung dieser Möglichkeit 1870 genau einmal vorgekommen, nämlich als Pius XII. 1950 die leibliche Aufnahme Mariens in den Himmel zum Dogma erklärt hat.) Die umstrittenste Entscheidung, die Benedikt XVI. in seiner Amtszeit getroffen hat, ist sicherlich die, als Papst zurückzutreten. Ich weiß, dass besonders viele Polen das verurteilen, weil sie es als Schlag ins Gesicht von Johannes Paul II. empfinden nach dem Motto: »Der hat durchgehalten bis zuletzt, und jetzt kommt Benedikt und sagt ›Ich fühle mich zu schwach‹?!« Ich habe nie so gedacht. Im Gegenteil: Ich habe großen Respekt vor dieser Entscheidung – vor der Demut, die es braucht, die päpstliche Macht freiwillig loszulassen, und vor dem Mut, Schwäche einzugestehen und eine so weitreichende Konsequenz zu ziehen. Ich bin mir sicher, dass Benedikt sich diese Entscheidung nicht leicht gemacht hat. Und so wenig ich Johannes Paul II. dafür kritisiere, bis zu seinem Tod im Amt geblieben zu sein, so wenig kritisiere ich Benedikt XVI. dafür, es nicht getan zu haben. Für mich ist beides ein Ausdruck der Freiheit, die Gott uns schenkt und für die ich sehr dankbar bin.

Vielleicht hat mich die Stärke von Benedikts Entscheidung auch deshalb umso mehr beeindruckt, weil ich ihn nur fünf Wochen vorher noch sehr schwach erlebt hatte. Das war bei der schon erwähnten Generalaudienz, bei der ich ihm meinen Youcat-Taschenkalender überreichen durfte. In der Nacht vorher hatte ich vor Aufregung nicht schlafen können. Die ganze Zeit hatte ich überlegt, was ich dem Papst sagen sollte. Als ich dann vor ihm stand – zusammen mit meinem Bruder Daniel – war ich überrascht, wie klein und zerbrechlich Benedikt wirkte. Er war sehr freundlich und interessiert, hat sich den Kalender angesehen und wollte wissen, wie er sich verbreitet. Ich sagte, er sei ausverkauft. »Gute Arbeit«, lobte Benedikt wie ein gütiger Großvater, »weiter so!« Ich bat ihn, ein Exemplar zu signieren, und er fragte nach, weil er mich wohl akustisch nicht richtig verstanden hatte. Da schaltete sich jemand ein, der hinter ihm stand, und sagte: »Das geht nicht!« Daraufhin sah Benedikt mich traurig an und meinte: »Es tut mir leid, das steht nicht im Protokoll.« Im ersten Moment dachte ich nur: Das darf doch nicht wahr sein, du bist Papst! Wenn du das machen willst, tue es. Und wenn nicht, sag mir »So etwas mache ich nicht«, aber nicht: »Der hat gesagt, das darf ich nicht.«

Auch im Nachhinein hat mich das noch sehr beschäftigt. Ich bin froh, dass ich Benedikt XVI. begegnen durfte und stolz, dass er sogar meine Arbeit gelobt hat. Aber die Freude bleibt etwas getrübt durch den Eindruck, dass da ein Mann vor mir stand, der auf mich in diesem Moment wie fremdgesteuert wirkte. Damit will ich nicht sagen, dass er das wirklich war – vielleicht war sein Verhalten (bei der Audienz wie generell) auch nur seiner Güte zuzuschreiben, dass er niemandem »auf den Schlips treten wollte«. Doch den Papst hatte ich mir anders vorgestellt.

Auch wenn es sich jetzt anbieten würde, einen Vergleich zu ziehen zu Franziskus und seiner unkonventionellen Art, mit der er das Protokoll immer wieder links liegen lässt und seinen eigenen Kopf durchsetzt, ich möchte das nicht tun, denn ich halte es für grundfalsch, diese beiden Päpste gegeneinander auszuspielen. Inhaltlich sind sie sich nämlich näher, als viele Menschen meinen: in der Betonung der Barmherzigkeit, im Aufruf zum Frieden, im Einsatz für die Menschenwürde, darin, Jesus Christus in den Mittelpunkt zu stellen ... Und ich bin der festen Überzeugung, dass jeder für seine Zeit nach Gottes Plan gewählt wurde.

Persönlich allerdings ist mir Franziskus in seiner Art, den Glauben zu leben, näher. Ich bin ihm dankbar für seine Worte an die Jugend: »Macht ruhig Krach«, »Habt keine Angst, vor nichts und niemandem«, »Seid frei«! Und wie twitterte er im Mai 2015? »Besser eine Kirche mit Beulen, die auf der Straße unterwegs ist, als eine Kirche, die krank ist, weil sie sich eingeschlossen hat.« Das verleiht mir Kraft und Mut für meine Arbeit. Gerade, wenn ich Neues ausprobiere, wenn ich kreativ bin und Dinge tue wie die, von denen im nächsten Kapitel die Rede ist.

Beim Abschlussabend des BDKJ-Sommercamps 2013 in Lindlar.
© privat

DIE FANTASTISCHEN VIER
oder: Vom Mut, kreativ zu sein

4

....

Dürfte ich ein elftes Gebot verfassen, so würde es lauten: Langweile die Menschen nicht. Sei kreativ. Probiere aus. Nutze deine Talente. Denn wenn Gott den Menschen nach seinem Bild geschaffen hat – und davon bin ich überzeugt –, dann hat er ihm auch seine Schöpfungskraft mitgegeben. Kinder zum Beispiel erschaffen quasi aus dem Nichts ganze Welten: Eine Decke, ein paar Kissen und viel Fantasie genügen. Sie singen und tanzen hem-

mungslos – so lange, bis einer sagt »Du singst schief«
oder »Das sieht aber doof aus«. Sie denken sich Geschichten aus, werden mit ihren Bauklötzen zu Architekten,
mit den Sachen aus Mamas Kleiderschrank zu Mode-
designern, mit einem Topf und einem Kochlöffel zum
Schlagzeuger. Ich weiß nicht, ob es empirisch erforscht
ist, wann uns die kindliche Kreativität abhandenkommt.
Ich weiß nur, dass viele Erwachsene nicht mehr singen,
tanzen, malen, bauen, dichten ... sei es, weil sie es für
»überflüssig und nutzlos« halten, weil sie Angst haben,
dabei etwas »falsch« zu machen, weil sie meinen, dafür
keine Zeit zu haben, oder weil sie sich schämen, etwas
aus ihrem Innersten ans Tageslicht zu holen – denn darum geht es, wie ich finde, beim »Schöpfen«.

Mir persönlich ist die Kreativität mit Beginn meines
Theologiestudiums (vorübergehend) abhandengekommen.
Ich will nicht sagen, damals hätte es »Buße statt Muße«
geheißen, aber für mich hieß es »lernen, lernen und noch-
mals lernen« – und besonders gefördert wurde kreatives
Tun während der Ausbildung tatsächlich nicht. So kam ich
nicht dazu, das weiterzuentwickeln, was ich als Jugendlicher begonnen hatte. In meiner Schulzeit habe ich Gedichte
geschrieben und Liedtexte – inspiriert von den Ärzten, den
Toten Hosen und vor allem auch den Fantastischen Vier. In
deren Lied »Sie ist weg« heißt es etwa: »Denn wann immer
ich dachte, ich tu alles für sie, war, was immer ich machte,
für mich irgendwie.« Etwas mit Sprache genau so auf den
Punkt bringen zu können, das war mein Traum. Viele Texte
habe ich nur für mich geschrieben, ohne sie jemandem zu
zeigen – vor allem Liebesgedichte und Sozialkritisches –,
einzelne Sachen aber auch am Schwarzen Brett der Schule
ausgehängt oder in der Schülerzeitung veröffentlicht. Und
ein paar Liedtexte sind durch »Take Five«, die Band eines
Freundes, zur Aufführung gekommen.

Neben dem Umgang mit Sprache waren es die bewegten Bilder, die es mir schon früh angetan hatten. Mit 15 oder 16 Jahren habe ich angefangen, mit einem Freund zusammen Videos zu drehen. Wir haben witzige Kurzfilme gemacht mit jeder Menge Action, Schießerei und Krawall und diese dann unseren Familien gezeigt. Einfach aus der Freude heraus das, was wir im Kopf hatten, sichtbar zu machen und andere damit zum Lachen zu bringen. Auf die Idee, Texte und bewegte Bilder miteinander zu verbinden, bin ich damals allerdings noch nicht gekommen. Heute mache ich das mit Videos zu Rap-Musik, die ich getextet habe, aber das ist nicht von ungefähr gekommen, sondern hat sich Schritt für Schritt entwickelt.

Nach der eher unkreativen Zeit des Theologiestudiums habe ich als Praktikant in Leverkusen-Opladen erstmals wieder mit meinen Talenten experimentiert – dank meines Mentors, Pfarrer Heinz-Peter Teller, der mir die Freiheit gelassen hat, mich auszuprobieren – zum Beispiel im Schreiben von Artikeln über Filme im Pfarrbrief oder in der Gestaltung von Jugendgottesdiensten. Auch bei vermeintlichen Kleinigkeiten wie dem Erstellen des Messdienerplans habe ich mich nicht mit »Schema F« oder »08/15« begnügt. Jeder Plan war ein kleines Kunstwerk, weil ich ihn mit Fotos verziert habe von den Messdienern und von Aktionen, die wir zusammen gemacht haben. Das waren keine schnöde abgetippten Listen, sondern Pläne, die sich die Familien gerne zu Hause an den Kühlschrank geklebt haben. Natürlich war es ganz schön aufwändig, die Fotocollagen zu erstellen, aber zum einen hatte ich durch den kreativen Aspekt selbst mehr Freude an der Arbeit, und zum anderen war es für die Ministranten auch ein Zeichen der Wertschätzung. Mit den Collagen – sowohl denen auf den Plänen als auch denen, die ich in der Sakristei aufgehängt habe – habe ich ihnen signalisiert: Ihr seid mir wichtig, und ich sehe, was jeder Einzelne von euch für die Gemeinschaft tut. Das hat sowohl den Zusammenhalt der Minis untereinander gefördert, als auch ihre Identifikation mit dem Dienst erhöht. In dem Moment, wo ich meine Kreativität für andere einsetze, ist das immer auch ein Zeichen der Wertschätzung, denn letztlich schenke ich ihnen so ein Stück von mir selbst.

Warum nicht die Frohe Botschaft rappen?

Die Messdiener sind auch die ersten gewesen, die ich an meinen Rap-Experimenten habe teilhaben lassen. Ich weiß nicht mehr, wann es war, aber als ich nachts mal nicht schlafen konnte, kamen mir plötzlich Gotteslob-Lieder in den Sinn. Beim Wiederholen der Texte aus dem Gedächtnis war irgendwann die Melodie weg und an ihrer Stelle ein rhythmischer Sprechgesang da. »Wahrer Gott, wir glauben dir, du bist mit Gottheit und Menschheit hier. Yeah! Du, der den Satan und Tod überwand, der im Triumph aus dem Grabe erstand. Preis dir, du Sieger auf Golgatha, Sieger wie keiner, Halleluja, Ha-, Ha-, Ha-, Halleluja!« Das war ein richtiges Aha-Erlebnis. Immer mehr Lieder fielen mir ein, die sich rappen ließen – von »Lobet und preiset ihr Völker den Herrn« bis »Maria, breit den Mantel aus«. Ein paar Tage später habe ich das in der Sakristei nach dem Gottesdienst ausprobiert beim Abschluss mit den Messdienern vor dem Kreuz. Ein bisschen Beatboxen, also mit dem Mund Schlagzeug-Geräusche machen, ein kleiner Gotteslob-Rap und dann das übliche »Gelobt sei Jesus Christus – in Ewigkeit. Amen«. Die Minis fanden es cool, und das hat mich ermuntert, weiter zu experimentieren und Formen zu finden, bei denen sie mitmachen konnten. Besonders beliebt wurde auf die Melodie von »I like to move it, move it« der Vers »Ich will dem Herrn dienen, ich bin sein Messdiener, ich will dem Herrn dienen, ich will ihm: dienen!« Das letzte, gerufene »dienen« war oft so laut, dass man es noch in der Kirche hören konnte. Irgendwann habe ich das Rappen deshalb »rausgelassen« und im Gottesdienst eingesetzt mit der Erklärung: »Ich will Ihnen mal zeigen, was nach dem Auszug hinter der Sakristeitür passiert.« Den Mut dazu habe ich ein Stück weit aus einer Begegnung beim Weltjugendtag in Köln gewonnen. Dort habe ich nämlich Father Stan Fortuna erlebt, einen Franziskaner aus den USA, der christliche Rap-Musik macht. Als ich ihn gehört habe, war ich völlig perplex. »Wie passt denn das zusammen?«, habe ich gedacht und später: »Warum eigentlich nicht? Wie cool ist das denn?« Diesen Überraschungseffekt, der Interesse weckt, einmal näher hinzuhören, den möchte ich auch nutzen, wenn ich ab und zu in einer Predigt rappe, etwa zu Fronleichnam: »Jesus ist das Brot, stillt alle Hungersnot, bringt alles ins Lot, denn Jesus ist nicht tot. Jesus hat sein Leben für uns hingegeben, um uns zu vergeben, damit wir durch ihn leben.« Dass das nicht jedem gefällt, darüber bin ich mir im Klaren, aber ich glaube, dass, bildlich gesprochen, neue Schläuche helfen können, altem Wein neue Wertschätzung entgegenzubringen. Ich setze Rap im Gottesdienst wohldosiert ein und nie allein des Show-Effekts wegen. Ich benutze ihn dann, wenn ich damit eine Botschaft besonders einprägsam herüberbringen möchte oder wenn ich den Eindruck habe, dass es einer neuen Form bedarf, damit man Worte, die man schon x-mal gehört hat, überhaupt noch bedenkt. Meiner Meinung nach muss es beides geben: das immer Gleiche, Rituelle, Ruhe Spendende und das Ungewöhnliche, Neue, Aufrüttelnde.

Aus diesem Grund biete ich auch mit meinem evangelischen Kollegen Chris Eggermann zusammen Filmgottesdienste an. Dabei gestalten wir Gottesdienste auf Grundlage populärer Filme wie »Bruce Allmächtig« oder »Die Chroniken von Narnia«, aus denen wir dann an verschiedenen Stellen in der Liturgie kurze Ausschnitte zeigen. Die Gottesdienstteilnehmer können so in Filmen, die sie kennen, Botschaften entdecken, die sich erst auf den zweiten Blick erschließen. Manches bekommt etwa durch die Kombination mit einer Bibelstelle oder einem Gebet eine tiefere Bedeutung oder durch die Verknüpfung mit einer Aktion. Wir versuchen eigentlich immer, die Leute auf irgendeine Weise mit einzubeziehen. Bei den »Chroniken von Narnia« durften sie zum Beispiel einzeln nach vorne kommen, haben eine Krone aufgesetzt und die Zusage zugesprochen bekommen: »Du bist ein Königskind.« Oder bei »Bruce Allmächtig« konnten sie nach der Szene, in der die Hauptfigur (gespielt von Jim Carrey) sich wünscht, die Gebete der Menschen auf Zetteln zu bekommen, um ihrer Herr zu werden, und seine ganze Wohnung plötzlich bis auf den letzten Millimeter damit zugeklebt ist, eine Bitte auf ein Post-it schreiben und dieses ans Kreuz heften. Das sind Aktionen, die den Menschen nachhaltig im Gedächtnis bleiben.

Damit Gottesdienste nachhaltig bewegen
Ich finde unsere Gottesdienste im Allgemeinen viel zu wortlastig. Etwas zu hören ist das eine, aber es zusätzlich zu sehen oder sogar selbst etwas zu tun, ist nochmal etwas ganz anderes. Das bringt eine neue Intensität und prägt sich viel besser ein. Ich bin deshalb sehr dafür, auch im Gottesdienst mit verschiedenen Formen zu experimentieren und die Liturgie in dem Rahmen, in dem das

gut und möglich ist, kreativ zu gestalten. In Gottesdiensten mit Kindern zeige ich zum Beispiel gerne schon mal den einen oder anderen Zaubertrick. Sei es, dass ich Tücher beim Übergeben von der einen Hand in die andere verschwinden lasse, um zu zeigen: Wenn du deine Sorgen und Ängste Gott anvertraust und ihm in die Hände legst, dann löst er sie in Luft auf. Oder ich benutze eine Trickbibel, die, wenn man sie an einer bestimmten Stelle aufschlägt, brennt, ohne zu verbrennen. Das kann ein Bild sein dafür, dass Gottes Wort lebendig ist, »kraftvoll und schärfer als jedes zweischneidige Schwert«, wie es in der Bibel heißt (Hebräer 4,12). Oder es kann helfen bei einer Katechese über das Jesus-Wort »Ich bin gekommen, um Feuer auf die Erde zu werfen. Wie froh wäre ich, es würde schon brennen!« (Lukas 12,49).

Zaubertricks, Filmausschnitte, Rap-Musik ... manchem geht das vielleicht zu weit, aber im Zweifel ist mir ein Gottesdienst, nach dem sich zwei oder drei über »diesen Killefit« ärgern, lieber als einer, den die Mehrheit einfach nur langweilig fand. Ich möchte, dass ein Gottesdienst die Menschen wirklich berührt, dass er sie bereichert, dass die Menschen nachhaltig bewegt werden von der Frohen Botschaft und etwas davon mitnehmen in ihren Alltag. Dazu muss man nicht unbedingt Zaubertricks vorführen oder Filmausschnitte zeigen, aber ich muss mir Gedanken machen, wie ich die Botschaft von Gottes Liebe den Menschen, die da vor mir sitzen, möglichst anschaulich nahebringen kann. Eine Grundbedingung dafür ist meines Erachtens nach, dass ich einen Bezug herstellen muss zum Leben der Menschen – zu ihren Erfahrungen, ihren Sorgen, ihren Freuden ... zum Jetzt und Hier. Und sei es nur, dass ich nicht die vorformulierten Standard-Fürbitten nehme, sondern eigene schreibe, in denen das vorkommt, was die Menschen bewegt, was gerade aktuell ist in der Welt und in der Gemeinde. Wenn die Menschen sich mit ihrem Leben und ihren Anliegen in den Fürbitten wiederfinden, dann merke ich das an der Intensität des »Wir bitten dich, erhöre uns!«, mit dem sie darauf antworten.

Dieses »sich wiederfinden« ist auch mein Ziel, wenn ich jedes Jahr bei der Christmette »Frohe Weihnachten« oder in der Osternacht »Frohe Ostern« in mehreren Sprachen wünsche. Viele Gottesdienstbesucher haben einen Migrationshintergrund, und ich denke, sie freuen sich, wenn sie etwas in ihrer Muttersprache zugesagt oder gewünscht bekommen. Außerdem verdeutlicht das, dass wir als Kirche auf der ganzen Welt diese Feste feiern. Christus ist Mensch geworden, ist gestorben und auferstanden: für uns, ganz egal, woher wir kommen! Unabhängig von Herkunft und Nationalität sind wir Schwestern und Brüder im Glauben, und in jedem dieser Schwestern und Brüder können wir Gott begegnen. Oder wie ich es in meinem Lied »Credo« formuliert habe: »Ich glaub an eine Kirche aus Brüdern und aus Schwestern, in der es nicht mehr ›in‹ ist, über andere zu lästern. Lästern war gestern, heute zählt Respekt, denn jeder hat entdeckt, dass Gott im andren steckt.« Dieses Lied habe ich im Oktober 2015 bei YouTube hochgeladen: mein zweites Musikvideo.

Weil mir der Text bei diesem Song ganz besonders wichtig ist und sich manche Wortspiele vielleicht nicht allein durchs Hören erschließen, wollte ich, dass die Sätze im Video sichtbar werden. Zunächst dachte ich an etwas in Anlehnung an das Bob-Dylan-Video zu »Subterranean Homesick Blues« – 1965 eines der ersten modernen Musikvideos überhaupt. Dylan steht darin in einer Art Hinterhof und hält einen Stapel Pappschilder im Arm mit Worten aus dem Liedtext, die er nach und nach fallen lässt. Letztlich fehlte zu so einem Dreh aber die Zeit, so dass »Credo« doch »nur« ein Zusammenschnitt von Texteinblendungen und Standbildern geworden ist. Dass es aber überhaupt so weit kommen konnte, verdanke ich dem Workshop eines Musikproduzenten, an dem ich im Frühjahr 2014 mit Kollegen aus der offenen Jugendarbeit teilgenommen habe, um zu lernen, wie man mit Jugendlichen Musik aufnehmen und abmischen kann. Ich hatte bis dato null Ahnung, wie so etwas funktioniert, und war völlig begeistert, wie einfach das mit dem Computer ist. Man mischt Beats, packt Instrumente dazu und hat Musik erschaffen, die es vorher noch nicht gab. Wahnsinn! Auch wie es ist, zu vorgegebenen Sounds einen Text zu schreiben, durften wir in der Fortbildung ausprobieren. Und zu guter Letzt haben wir mit der Ansage »Macht damit, was ihr wollt, seid kreativ und experimentiert« noch eine CD mit nach Hause nehmen dürfen mit fertigen Instrumentalstücken des Musikproduzenten. Eines davon ist mir sofort »ins Ohr gesprungen«. Das ist wie geschaffen für »Dein Gott«, dachte ich – einen Rap, den ich a cappella schon mehrfach bei Tauffeiern eingesetzt hatte. Er bringt nämlich sehr schön die Zusage Gottes an uns auf den Punkt, dass wir seine geliebten Kinder sind. Den Text habe ich 2013 auf einer Assisi-Wallfahrt von jemandem zugesteckt bekommen und ein wenig ergänzt.

Ein Traum wird wahr
Unverhofft wie die Zeilen »Ich habe dich geschaffen und dein Herz stark gemacht, hab dir Leben gegeben und dich wunderbar gedacht« war nun auch die passende Musik zu mir gekommen. Ich habe die CD und den Text eingepackt, bin nach Lindlar gefahren, wo ich eine offene Jugendeinrichtung kenne, die ein eigenes Tonstudio hat, habe dort sozusagen eins und eins zusammengezählt,

und fertig war mein erster Song. Ich war mächtig stolz und habe »Dein Gott« umgehend auf YouTube hochgeladen. Die vielen positiven Reaktionen, die ich daraufhin bekommen habe, haben mich darin bestärkt, dass dieses Lied eine ganz eigene Kraft hat. Als Kind der MTV- und VIVA-Generation hätte ich zu gerne ein Musikvideo zu »Dein Gott« gehabt, aber das war nur ein Traum – so lange jedenfalls, bis dieser Traum wahr geworden ist.

Als ich im Mai 2015 bei Freunden in Dormagen war, erzählte mir nämlich mein Bekannter Thomas May von einem Lehrgang, an dem er teilgenommen hatte, einer Fortbildung für Lehrer, um mit Schülern Filme drehen zu können. Er zeigte mir seine »Abschlussarbeit«, einen vierminütigen Film über die Alte Schmiede im Kloster Knechtsteden, und ich dachte: »Der will dich veräppeln. Das hat der aus irgendeiner ZDF-Doku rausgeschnitten.« Wirklich: Ich fand das so professionell ... einfach perfekt. Da habe ich nicht lange gezögert. »Hättest du Interesse an einer neuen Herausforderung?«, habe ich gefragt. »Könntest du dir vorstellen, ein Video zu ›Dein Gott‹ zu drehen?« Thomas hat ja gesagt, und zwei Monate später standen wir in Gummersbach in der Kirche: seine Frau und seine beiden Söhne, eine Bekannte mit ihren vier Kindern, Thomas und ich. Franziska, die Tochter der Bekannten, hat das Mädchen gespielt, dessen Geschichte wir erzählen wollten: Betrübt kommt sie in die Kirche hinein, zündet eine Kerze an, betet, erfährt Gottes Zuspruch und geht erleichtert wieder hinaus. Eine ausgedachte Szene, aber keine an den Haaren herbeigezogene, denn die Kirche St. Franziskus liegt auf dem Schulweg, und ich sehe immer wieder mal Jugendliche in die Kirche gehen, um dort eine Kerze anzuzünden.

Im Video sind die Szenen des Mädchens kombiniert mit Aufnahmen, wie ich im Altarraum stehe und »Dein

Gott« rappe. Ich weiß nicht, ob man es mir ansieht, aber da war ich echt ganz schön unsicher, wie ich mich bewegen sollte. Was geht? Was geht nicht? Einerseits war es ja keine Gottesdienst-Situation und ich hatte keine liturgischen Gewänder an, sondern Jeans und Kapuzen-Pulli, andererseits waren wir aber nun mal nicht auf der Straße oder in meiner Wohnung, sondern in einer Kirche. Mehrmals haben wir das Lied ablaufen lassen, ich habe gerappt und Thomas und die Kinder haben aus verschiedenen Perspektiven gefilmt – mit einer normalen Videokamera, einem Fotoapparat mit Video-Funktion und einem Smartphone.

Als ich eine Woche später die erste Fassung des Videos geschickt bekam, war ich super glücklich: Das waren die richtigen Bilder, um »Dein Gott« noch kraftvoller wirken zu lassen. Die Geschichte war einfach, aber gut, und der Rap vor dem Altar erzeugte das (für mich) richtige Maß an Irritation. Ich möchte die Leute nicht provozieren durch das, was ich tue, aber durch das Zusammenbringen von Dingen, die man nicht in einem Kontext erwartet – Priesterkragen und Kapuzenpulli, Rapmusik und fromme Texte, Kirchenraum und harte Gitarrenriffs – möchte ich sie neugierig machen. Mit dem Video zu »Dein Gott« hat das hervorragend funktioniert: Nach der Veröffentlichung schnellten die Klickzahlen in die Höhe und verschiedene Medien vom Express bis zum Internetportal kath.net haben über »Dein Gott« berichtet. Bedenkenträger meinten: »Wie kann man so einem Boulevardblatt ein Interview geben?« »Die konservativen Katholiken von kath.net wollen dich doch nur in die Pfanne hauen«, warnten die anderen. Tatsächlich haben weder die einen noch die anderen Böses im Sinn gehabt, sondern journalistisch ordentlich gearbeitet.

Mehr als über jedes Medienecho habe ich mich aber über persönliche Nachrichten gefreut von Menschen, denen das Video gefallen hat, denen es Mut gemacht und gut getan hat. In meiner Arbeit als Jugendseelsorger erlebe ich immer wieder, wie viele gerade junge Menschen heutzutage mit Selbstzweifeln kämpfen. Gegen ihr Gefühl, nicht schön genug sein, nicht gut genug zu sein, singe ich an: »Wenn du fertig bist und meinst, dein Leben ist Schrott, dann denke daran: Ich liebe dich – dein Gott!« Vereinzelt haben sich auch Leute gemeldet, dass sie das Video peinlich fänden und dass Kirche sich bei der Jugend nicht so anbiedern solle. Aber da ich gerade von Jugendlichen den meisten Zuspruch bekommen habe, glaube ich schon auf dem richtigen Weg zu sein, wenn ich die Frohe Botschaft in Rap-Verse packe. Gefallen muss das natürlich nicht jedem – Musik ist immer auch Geschmackssache.

Lebe deine Talente!
Für mich stand nach dem ganzen positiven Feedback jedenfalls schnell fest, dass das keine Eintagsfliege sein sollte. Texte hatte ich noch in petto, und je mehr ich mich damit beschäftigte, umso mehr neue Ideen kamen mir auch. Mit Thomas May zusammen sind so inzwischen zehn Videoclips entstanden. Auch wenn keiner mehr solches »Aufsehen« erregt hat wie der erste: Für mich ist jedes Video ein Geschenk, weil es mir erlaubt, »das Leben zu haben und es in Fülle zu haben«. (Johannes 10,10) Denn ich kann tun, was mir Freude macht, kann kreativ sein, die Schöpfungskraft ausleben, die Gott mir mitgegeben hat, und das auch noch mit anderen teilen. Ich empfinde das als unheimliche Bereicherung meines (Arbeits-)Alltags und kann jedem nur raten: Spüre nach, welche Talente Gott dir mit auf den Weg gegeben hat,

probiere deine Fähigkeiten aus, tue das, was dir Freude bereitet, und lass andere daran teilhaben. Nicht umsonst erzählt Jesus seinen Jüngern das Gleichnis vom anvertrauten Geld. Darin geht ein Mann auf Reisen und vertraut seinen Dienern Teile seines Vermögens an. »Dem einen gab er fünf Talente Silbergeld, einem anderen zwei, wieder einem anderen eines, jedem nach seinen Fähigkeiten. Dann reiste er ab. Sofort begann der Diener, der fünf Talente erhalten hatte, mit ihnen zu wirtschaften, und er gewann noch fünf dazu. Ebenso gewann der, der zwei erhalten hatte, noch zwei dazu. Der aber, der das eine Talent erhalten hatte, ging und grub ein Loch in die Erde und versteckte das Geld seines Herrn.« (Matthäus 25,15-18) Als der Herr zurückkommt, lobt er die Diener, die das Geld vermehrt haben, als tüchtig und treu. Denjenigen aber, der das Geld vergraben hat, um es eins zu eins zurückgeben zu können, bezeichnet er als schlechten und faulen Diener. »Hättest du mein Geld wenigstens auf die Bank gebracht, dann hätte ich es bei meiner Rückkehr mit Zinsen zurückerhalten.« (Matthäus 25,27)

Gott möchte, dass wir aus dem, was er uns mitgegeben hat, etwas machen. Dass wir unsere Talente einsetzen und weiterentwickeln. Und niemand soll kommen und sagen, er hätte keine Talente. Wie schreibt der Apostel Paulus an die Christen in Korinth? »Jedem aber wird die Offenbarung des Geistes geschenkt, damit sie anderen nützt. Dem einen wird vom Geist die Gabe geschenkt, Weisheit mitzuteilen, dem andern durch den gleichen Geist die Gabe, Erkenntnis zu vermitteln, dem dritten im gleichen Geist Glaubenskraft, einem andern – immer in dem einen Geist – die Gabe, Krankheiten zu heilen, einem andern Wunderkräfte, einem andern prophetisches Reden, einem andern die Fähigkeit, die Geister zu unterscheiden, wieder einem andern verschiedene

Arten von Zungenrede, einem andern schließlich die Gabe, sie zu deuten. Das alles bewirkt ein und derselbe Geist; einem jeden teilt er seine besondere Gabe zu, wie er will.« (1 Korinther 12,7-11). Würde Paulus uns heute schreiben, würde er sicher andere Begriffe benutzen, aber man muss nicht einmal wissen, was »Zungenrede« ist oder was »die Fähigkeit, die Geister zu unterscheiden« meint, um zu begreifen: Jeder kann etwas! Gott hat durch seinen Geist jedem Menschen bestimmte Talente, bestimmte Stärken mit auf den Weg gegeben. Ab und zu kann es übrigens ganz hilfreich sein, sich von anderen darauf aufmerksam machen zu lassen, welche das sind. Lass dir ruhig von anderen sagen: Mach das, du kannst das! Meiner Erfahrung nach trauen andere uns manchmal mehr zu als wir selbst – und geben uns damit die Chance, uns weiterzuentwickeln und an Herausforderungen zu wachsen.

Bei mir war das zum Beispiel so, als mein Bekannter Nils Baer mich bat, den Youcat-Taschenkalender zu machen. Der Jugendkatechismus Youcat war im Zuge des Weltjugendtags 2011 in Madrid veröffentlicht worden und super erfolgreich. Im November hatte die herausgebende Youcat Foundation ein Jugendgebetbuch nachgelegt, und nun sollte es eine Art liturgischen Taschenkalender geben. Nils kannte mich aus dem Studium und hatte mich unter anderem aufgrund der Impulse, die ich bei Facebook poste, für den Job als Autor vorgeschlagen. Meinen Einwand, ich hätte so etwas noch nie gemacht und keine Ahnung, wie das funktionieren solle, ließ er nicht gelten. Dafür sagte er: »Ich habe zwar auch keine Ahnung, aber ich helfe dir.« Unser weiteres Gespräch verlief stark zusammengefasst in etwa so: »Gibt es eine Vorlage, an der ich mich orientieren kann?« »Nein, wir wollen etwas ganz Neues machen.« »Wie viel Zeit habe ich denn dafür?«»Sechs Wochen.«»Und wie hoch ist das Budget, das ich einsetzten kann, zum Beispiel für Bildrechte?«»Null Euro.«»Wow«, dachte ich,»das sind wirklich grandiose Voraussetzungen: Zwei Leute ohne Ahnung, ohne Vorlage, ohne Zeit und ohne Geld ... perfekt!« Meiner ganz eigenen »Eigentlich spricht alles dagegen, deswegen mache ich es«-Logik folgend habe ich zugesagt – und staune heute noch, was aus den Nachtschichten und den gefühlten Millionen E-Mails geworden ist, die Nils, der Grafiker Alexander von Lengerke und ich hin und her geschickt haben: ein Kalender, dessen Startauflage von 10 000 Exemplaren bereits vor dem Jahreswechsel vergriffen war, der ins Polnische und Portugiesische übersetzt worden ist und den ich sogar Papst Benedikt XVI. noch kurz vor seinem Rücktritt überreichen durfte.

Sozusagen aus nichts etwas zu erschaffen, war eine Wahnsinns-Erfahrung, und den Moment, an dem ich – stolz wie Oskar – den gedruckten Kalender das erste Mal in der Hand gehalten habe, werde ich nicht vergessen. Das Projekt »Youcat-Kalender« hat mich gelehrt, wie viel Energie es freisetzen kann, völlig freie Hand zu haben, und was für eine Kreativität tatsächlich in einem steckt, wenn man sie nur zulässt. Kreativität, die durch den Austausch mit anderen übrigens noch gesteigert werden kann. Zusammen schafft man – und das ist keine Binsenweisheit – mehr als alleine, weil man sich gegenseitig ergänzt und bereichert. Alleine dadurch, wie Alexander Ideen von mir ins Bild gebracht hat mit seinen coolen Strichmännchen, sind bei mir wieder neue Ideen entstanden.

So hatten wir am Ende einen Kalender geschaffen, in dem die Woche gemäß kirchlicher Tradition mit dem Sonntag begann, nicht mit dem Montag, in dem Heilige vorkamen mit einem eigenen »Faithbook-Profil«, in dem es Erklärungen gab zu Festen wie Pfingsten oder Christi Himmelfahrt, aber auch Filmtipps für jeden Monat und Impulse zum Beispiel durch die Kombination von bekannten Popsongs mit Bibelstellen. Eric Clapton zum Beispiel singt in »Tears in Heaven«: »Beyond the door there's peace I'm sure. And I know there'll be no more tears in heaven.« (»Jenseits der Tür ist Frieden, ich bin mir sicher. Und ich weiß, dass es im Himmel keine Tränen mehr geben wird.«) Und in der Bibel heißt es: »Gott wird alle Tränen von ihren Augen abwischen: Der Tod wird nicht mehr sein, keine Trauer, keine Klage, keine Mühsal. Denn was früher war, ist vergangen.« (Offenbarung 21,4) Oder die Zeile »Du bist der Kompass, wenn ich mich verlier, im tiefen Tal, wenn ich dich rufe, bist du längst da« aus dem Lied »Pflaster« von Ich & Ich in Kombination mit Psalm 23: »Der Herr ist mein Hirte, nichts wird mir fehlen. Er lässt mich lagern auf grünen Auen und führt mich zum Ruheplatz am Wasser. Er stillt mein Verlangen; er leitet mich auf rechten Pfaden, treu seinem Namen. Muss ich auch wandern in finsterer Schlucht, ich fürchte kein Unheil; denn du bist bei mir, dein Stock und dein Stab geben mir Zuversicht. Du deckst mir den Tisch vor den Augen meiner Feinde. Du salbst mein Haupt mit Öl, du füllst mir reichlich den Becher. Lauter Güte und Huld werden mir folgen mein Leben lang, und im Haus des Herrn darf ich wohnen für lange Zeit.«

»Der Beter des Psalms 23 beschreibt Gott als den Kompass seines Lebens«, habe ich dazu im Youcat-Kalender 2013 geschrieben. »Welche wunderbaren Erfahrungen des Vertrauens auf Gott, gerade in schweren Zeiten, muss er gemacht haben, dass er so ein Loblied auf Gott singen kann? Wer oder was heilt deine Lebenswunden? Wer oder was ist der Kompass in deinem Leben, der dich sicher führt und dem du bedingungslos vertrauen kannst, dass er dein Leben in eine gute Richtung führt?«

Für mich ist dieser Kompass Jesus. Wenn ich ihm folge, bin ich auf dem richtigen Weg. Denn er lehrt mich zu lieben und zu verzeihen, lehrt mich barmherzig zu sein und wahrhaftig. Und er bringt mir sogar bei, wie ich einen dritten Weg finden kann, wenn es auf den ersten Blick nur rechts und links geht. Wie das funktioniert, darum geht es im nächsten Kapitel.

Bei der Planung eines Videodrehs am 21. März 2015 in Köln.
© *privat*

JESUS
oder: Den dritten Weg finden, wenn es nur rechts oder links zu gehen scheint

5

Steinigen oder nicht steinigen – das war die Frage. Es gab keine Alternative. Die Ehebrecherin, die die Schriftgelehrten und Pharisäer zu Jesus brachten, war auf frischer Tat ertappt worden. »Nun, was sagst du?«, wollten sie von Jesus wissen. Nach dem Gesetz des Mose war der Fall klar: steinigen! Auf der anderen Seite sprach dieser Jesus doch immer von Barmherzigkeit, sogar davon, seine Feinde zu lieben. Entweder würde er gegen das Gesetz verstoßen oder seine eigenen Reden Lüge strafen. So oder so – er konnte nur verlieren! Steinigen oder nicht steinigen? Rechts oder links? Schwarz oder Weiß? Und was macht Jesus? Erst einmal denkt er nach. »Jesus aber bückte sich und schrieb mit dem Finger auf die Erde«, heißt es im Johannesevangelium. Er lässt die Schriftgelehrten zappeln. Erst als sie hartnäckig weiter fragen, richtet er sich auf und sagt zu ihnen: »Wer von euch ohne Sünde ist, werfe als Erster einen Stein auf sie.« (Johannes 8,6-7) Bäng! Das saß! Damit hatte keiner gerechnet. Jesus wählt weder Schwarz noch Weiß. Er geht weder links noch rechts. Er nimmt einen dritten Weg und löst die Situation auf, indem er denjenigen eine Lektion erteilt, die ihn reinlegen wollten. »Als sie seine Antwort gehört hatten, ging einer nach dem anderen fort, zuerst die Ältesten.« (Johannes 8,9) Klarer Fall von Schachmatt!

Alternativlosigkeit? Schwarz-Weiß-Denken? Nicht mit Jesus!
Die Bibel berichtet von verschiedenen Begebenheiten, die nach ähnlichem Muster ablaufen. Stets wird Jesus provoziert mit dem Ziel, dass er sich durch seine Antwort endlich in die Pfanne hauen lässt. »Ist es uns erlaubt, dem Kaiser Steuer zu zahlen, oder nicht?« (Lukas 20,22) Ja oder nein? Schwarz oder Weiß? Jesu Antwort: »Gebt dem Kaiser, was dem Kaiser gehört, und Gott, was Gott gehört!« (Lukas 20,25). Oder das Gedankenexperiment mit den sieben Brüdern, die nacheinander dieselbe Frau heiraten, weil sie nacheinander kinderlos sterben. »Wessen Frau wird sie nun bei der Auferstehung sein?« (Lukas 20,33). Des ersten? Des zweiten? Des dritten? Des siebten? Jesu Antwort: »Nur in dieser Welt heira-

ten die Menschen.« (Lukas 20,34). Auch der Vorwurf der Pharisäer, weil die Jünger Jesu an einem Sabbat beim Gang durch die Felder Ähren abreißen, gehört in diese Kategorie:»Das ist doch am Sabbat verboten!«Jesu Antwort:»Der Sabbat ist für den Menschen da, nicht der Mensch für den Sabbat.«(Markus 2,27) Was auch kommt: Jesus lässt sich nicht provozieren. Er lässt sich nicht in die Enge treiben. Er lässt sich nichts in den Mund legen. Jesus geht nicht rechts und nicht links, er geht seinen ganz eigenen Weg – und überrascht damit sein Gegenüber immer wieder aufs Neue. Was er sagt und tut, regt zum Nachdenken an, weil es außerhalb dessen ist, was zu erwarten gewesen wäre. Um diesen Weg gehen zu können, braucht es viel Selbstvertrauen, Gelassenheit und Weisheit. Aber genau das ist der Weg, den wir Christen suchen sollten. Es ist ein Weg, auf den uns letztlich nur der Heilige Geist führen kann. Manche Menschen schaffen es tatsächlich, diesen Weg zu gehen und sich die entwaffnende Art Jesu zu eigen zu machen. Drei Beispiele:

Von Mutter Teresa wird berichtet, wie sie eines Tages in der Stadt unterwegs war, um für die Armen zu betteln, die sie versorgte. Sie ging auf einen gut gekleideten, augenscheinlich reichen jungen Mann zu und hielt ihm die geöffnete Hand hin.»Ich bitte um eine Spende für die Armen und Kranken.« Da spuckt ihr der Mann voll Verachtung in die offene Hand. Und Mutter Teresa? Sie wird nicht laut und beschwert sich nicht. Kein»Was für eine Unverschämtheit!«, kein»Wie können Sie nur?« Aber auch kein stiller, verletzter Rückzug – nichts, was man hätte erwarten können. Völlig unaufgeregt sagt sie: »Das war für mich. Vielleicht habe ich es verdient. Aber meine Armen haben es nicht verdient. Vielleicht hast du doch etwas für sie?« und streckt ihm die andere Hand entgegen. Der Mann ist völlig perplex! Tatsächlich ist er später zu einem großen Förderer von Mutter Teresas Arbeit geworden.

Diese Kunst, sich nicht provozieren zu lassen, braucht man als Mann (oder Frau) der Kirche vielleicht sogar häufiger als andere. Ich erinnere mich – Beispiel zwei – an ein Interview mit Erzbischof Johannes Dyba, in dem er von zwei Journalisten regelrecht ins Kreuzverhör genommen wurde. Immer wieder gingen ihn die zwei hart an, manchmal sogar unfair. Er aber blieb freundlich und gelassen. Das Ganze gipfelte darin, dass einer der Journalisten sinngemäß sagte:»Aber Herr Bischof, eines werden Sie ja nun nicht leugnen können, dass Sie der rückschrittlichste Bischof sind, den Deutschland überhaupt hat.« Darauf Dyba in aller Seelenruhe:»Rückschritt oder Fortschritt, das ist alles relativ. Wenn man am Abgrund steht, ist jeder Rückschritt ein Fortschritt.« An dieser Stelle wurde das Interview abgebrochen. Ich möchte sagen: Sieg durch rhetorischen K.O.

Weniger auf sprachlicher Ebene als durch sein Handeln überraschte – Beispiel drei – Angelo Giuseppe Roncalli, der spätere Papst Johannes XXIII., einen Mitbruder. Zwei Jahre vor seiner Wahl zum Papst wurde er als Bischof von Venedig auf einen Priester seiner Diözese aufmerksam gemacht, der dem Alkohol sehr zugetan war und mehr Zeit in Kneipen als in Kirchen verbrachte. Unangekündigt stattete Bischof Roncalli diesem Priester einen Besuch ab. Als er ihn zu Hause nicht antraf, schickte er seinen Fahrer zur nächsten Kneipe, wo der Geistliche tatsächlich nicht mehr nüchtern an der Theke saß. Der Fahrer erklärte, der Bischof wolle ihn sprechen und nahm den Priester mit. Die Standpauke, auf die sich der Mann gefasst gemacht haben dürfte, kann sich jeder vorstellen. Doch als der angetrunkene Priester Roncalli gegenüberstand, sagte der bloß:»Bruder, ich bin gekommen, um bei dir meine Beichte abzulegen.« So hat er es getan – und der Priester hat sein Leben geändert, tief berührt von diesem Zeichen. Effektiver als mit jeder Standpauke hat Roncalli dem Mann seine priesterliche Würde vor Augen geführt – eine Würde, die er auf dem besten Wege war, sich durch den Alkohol selbst zu nehmen.

Großes Herz statt großes Ego

Wer im Sinne Jesu den»dritten Weg« geht, schaut jenseits des auf der Hand liegenden: Was dient dem anderen zum Heil? Was bewirkt bei ihm eine Wende zum Guten? Dazu bedarf es einer Offenheit, dass mehr möglich ist als»nach menschlichem Ermessen«. Nach menschlichem Ermessen reagiert man auf Aggression – verbal oder tätlich – entweder mit Gegen-Aggression oder mit Rückzug. Nach göttlichem Ermessen aber gibt es eine Alternative! Es geht darum, sich nicht von Wut, verletztem Stolz oder Ähnlichem leiten zu lassen, sondern von Gottes Geist, der für jeden das Beste will. Dieser liebende, heilende Blick auf den Nächsten ist es, den Jesus uns vorgelebt hat.

Zwei Bibelstellen gibt es, in denen ich dieses Vorbild besonders beeindruckend finde. Das eine ist das Wort Jesu bei seiner Kreuzigung:»Vater, vergib ihnen, denn sie wissen nicht, was sie tun.« (Lukas 23,34) Was ist das für ein Mensch, der unter Höllenqualen das sagt? Das ist kein Wort»nach menschlichem Ermessen«, das ist göttlich! Auch, wenn Jesus sich noch vom Kreuz herab um die Menschen kümmert, die er liebt. So, wie der Evangelist Johannes es beschreibt:»Als Jesus seine Mutter sah und bei ihr den Jünger, den er liebte, sagte er zu seiner Mutter: Frau, siehe, dein Sohn! Dann sagte er zu dem Jünger: Siehe, deine Mutter!« (Johannes 19,26-27)

Noch im Sterben hat Jesus an erster Stelle das Heil seiner Mitmenschen im Blick.

Dass das der alleinige Maßstab seines Denkens und Handelns ist, zeigt sich auch sehr schön nach Jesu Auferstehung in seiner ersten Begegnung mit Petrus. Man erinnere sich: jenem Petrus, der erst getönt hatte:»Auch wenn alle an dir Anstoß nehmen – ich nicht! Und wenn ich mit dir sterben müsste – ich werde dich nie verleugnen« (Markus 14,29.31), und der dann nach Jesu Gefangennahme dreimal gekniffen hat. Angesprochen darauf, dass er doch auch einer aus Jesu Freundeskreis sei, leugnet er und schwört sogar:»Ich kenne diesen Menschen nicht, von dem ihr redet« (Markus 14,71). Diesem Petrus begegnet Jesus nun nach seiner Auferstehung am See von Tiberias wieder. Und was sagt er zu ihm? Nicht»Wie konntest du nur?!«, nicht»Hab ich doch gewusst, dass du einknickst«, auch nicht von oben herab»Ich vergebe dir deine Schwäche«. Nein, Jesus fragt ihn bloß:»Liebst du mich?«

In der Einheitsübersetzung der Bibel ist diese Stelle so beschrieben:»Als sie gegessen hatten, sagte Jesus zu Simon Petrus: Simon, Sohn des Johannes, liebst du mich mehr als diese? Er antwortete ihm: Ja, Herr, du weißt, dass ich dich liebe. Jesus sagte zu ihm: Weide meine Lämmer! Zum zweiten Mal fragte er ihn: Simon, Sohn des Johannes, liebst du mich? Er antwortete ihm: Ja, Herr, du weißt, dass ich dich liebe. Jesus sagte zu ihm: Weide meine Schafe! Zum dritten Mal fragte er ihn: Simon, Sohn des Johannes, liebst du mich? Da wurde Petrus traurig, weil Jesus ihn zum dritten Mal gefragt hatte: Hast du mich lieb? Er gab ihm zu Antwort: Herr, du weißt alles; du weißt, dass ich dich lieb habe. Jesus sagte zu ihm: Weide meine Schafe!« (Johannes 21,15-17)

Wenn man das so liest, kommt einem die dreimalige Wiederholung zunächst komisch vor. Im griechischen

Originaltext aber macht sie Sinn, weil für »lieben« zwei verschiedene Wörter gebraucht werden: agapao und phileo. Es gibt verschiedene Interpretationsansätze, wie das zu verstehen ist. Ich persönlich glaube, dass Jesus Stück für Stück seinen Anspruch herunterschraubt bis Petrus in der Lage ist, diesem Anspruch zu genügen. Erst fragt er: »Liebst du mich mehr als diese?«, und Petrus sagt: »Ich hab dich lieb«. Daraufhin fragt Jesus nicht mehr nach dem »mehr«, sondern nur noch nach dem »ob«: »Liebst du mich?« – man könnte ergänzen »bedingungslos« –, und Petrus antwortet: »Ich hab dich lieb«. Genau diese Formulierung greift Jesus bei der dritten Frage auf: »Hast du mich lieb?« Und endlich kann Petrus zu hundert Prozent bejahen: »Ja, ich hab dich lieb.« Jesus begibt sich also auf Petrus' Niveau und ist mit dem zufrieden, was dieser an Liebe zu geben in der Lage ist. Sein Auftrag ist dreimal der gleiche: »Weide meine Schafe!« Auch, wenn Petrus sich noch nicht zu der bedingungslosen, göttlichen Liebe »agape« bekennen kann: Jesus schenkt ihm sein Vertrauen und überträgt ihm eine wichtige Aufgabe.

Ein weiteres Detail, das diese Bibelstelle für mich so besonders macht, ist die Anrede, mit der Jesus sich an Petrus wendet. Er sagt »Simon, Sohn des Johannes«, benutzt also den ursprünglichen Namen dieses Mannes. Bei ihrer ersten Begegnung hatte er ihm gesagt: »Du bist Simon, der Sohn des Johannes, du sollst Kephas heißen. Kephas bedeutet: Fels (Petrus).« (Johannes 1,42) So wurde aus Simon Petrus. Nun aber, nach allem, was passiert ist, sagt Jesus: »Simon, Sohn des Johannes, liebst du mich?« Aus dieser Anrede wird klar: Wir fangen noch einmal von vorne an. Dass du mich verleugnet hast, spielt hier keine Rolle. Ich schenke dir einen Neubeginn. Alles zurück auf Anfang!

Überwindung, die sich lohnt: Beichten befreit

Diese Gabe zu verzeihen ist wiederum göttlich. Es geht nicht darum, jemandem seine Fehler nicht anzurechnen oder mit einer entstandenen Verletzung weiterzuleben – eine »Großzügigkeit«, die eine Beziehung in Schieflage bringen könnte. Nein, Jesus kann so vergeben, dass er einen völlig unbeeinträchtigten Neuanfang schenkt. Er liebt uns nicht »trotzdem«, sondern so, als hätte es unsere Fehler nie gegeben. Dieses Geschenk können wir heute noch empfangen in der Beichte, dem Sakrament der Versöhnung. Ich weiß, beichten ist total »out« – aber meiner Meinung nach völlig zu Unrecht. Ja, es ist unangenehm, sich seine Schwächen und Fehler einzugestehen. Und ja, es ist noch unangenehmer, sie laut auszusprechen. Auch mich kostet es deshalb jedes Mal aufs Neue Überwindung zu beichten. Aber wenn ich mich dann überwunden habe, dann ist das nachher so ein Glücksgefühl, so eine Befreiung! Es tut einfach unglaublich gut, von Gott durch den Priester gesagt zu bekommen: »Deine Sünden sind dir vergeben. Geh hin in Frieden!« Dass ist auch einer der Gründe, warum man, wie ich finde, nicht alles allein im stillen Kämmerlein zwischen sich und Gott ausmachen sollte. Die wichtigsten Dinge im Leben, die sagt man sich einfach nicht selbst, sondern die werden einem gesagt: Schön, dass es dich gibt! Ich liebe dich! Ich vergebe dir!

Und das Tolle am Beichten ist: Niemand braucht Angst zu haben, dass Gott ihm nicht vergibt, dass er sagt: »Junge, Junge, du hast so einen Bockmist gebaut – da kann ich nicht einfach alles auf null setzen.« Gott kann alles vergeben! Die einzige Voraussetzung ist, dass wir unser Tun (oder Unterlassen) bereuen, dass wir uns bessern wollen und dass wir bereit sind zu büßen. »Buße« ist vielleicht genauso unbeliebt wie »Beichte« und im Laufe der

Geschichte ist sicher mit beidem auch ordentlich Schindluder getrieben worden, aber letztlich geht es bei der Buße darum, entstandenen Schaden wiedergutzumachen, soweit das möglich ist. Und wenn ich etwas bereue, will ich es dann nicht auch wiedergutmachen?

Als Beichte hörender Priester versuche ich immer, dass die auferlegte Buße auch etwas mit dem zu tun hat, was jemand vorher bekannt hat. Ich sage dann zum Beispiel »Umarme deine Frau« oder »Sag deinen Kindern, dass du sie lieb hast«. Auch ein Gebet zu sprechen, kann Buße sein. Manche wundern sich, wie das gehen soll, dass ein »Vaterunser« ihre Schuld wiedergutmacht. Aber Sünden sind etwas, was die Beziehung zu Gott stört, und Gebet ist etwas, was diese Beziehung pflegt.

Zu vergeben wie Jesus, zu lieben wie Jesus, das ist geradezu »unmenschlich«. »Liebt eure Feinde«, sagt er uns. »Tut denen Gutes, die euch hassen. Segnet die, die euch verfluchen; betet für die, die euch misshandeln.« (Lukas 6,27-28) Wie soll das gehen? Das kann doch kein Mensch! – Stimmt. Das kann kein Mensch aus eigener Kraft. Er kann es nur, wenn er Gott in sich wirken lässt.

Beten meint reden *und* zuhören
Wie aber komme ich dahin? Wie kann ich jenseits aller menschlichen Gefühle göttlich lieben? Ich kann es nur, wenn ich selbst mit dieser göttlichen Liebe in Beziehung stehe, wenn ich eine Verbindung habe zu diesem Gott, der die Liebe ist. Und diese Beziehung, diese Verbindung schaffe ich im Gebet. »Beten«, so sagen viele, »heißt reden mit Gott« und da ist etwas dran. In einer Beziehung geht es schließlich darum, dass ich den anderen teilhaben lasse an meinem Leben, dass ich ihm von Freud und Leid berichte und offen mit ihm spreche über meine Sorgen und Ängste, meine Hoffnungen und Wünsche.

Doch keine Beziehung hält es auf Dauer aus, wenn jemand immer nur von sich spricht. Es geht deshalb auch beim Beten nicht nur ums Reden, sondern auch ums Zuhören. Zu einem guten Gespräch – wie einem guten Gebet – gehört beides. Dass ist wie bei dem Mann, der ganz regelmäßig betet. Jeden Tag spricht er mit Gott und bringt alles vor den Herrn, was ihn bewegt, worüber er sich freut, worüber er sich ärgert ... aber von Mal zu Mal wird er frustrierter, weil Gott ihm nicht antwortet. Irgendwann platzt es aus ihm heraus: »Verdammt nochmal! Ich denke, Gebet ist Dialog! Ich rede und rede und du, Herr, schweigst einfach die ganze Zeit. Warum antwortest du mir nicht?« Da spricht Gott das erste Mal zu ihm und sagt: »Weil ich der einzige von uns beiden bin, der zuhören kann!«

Still zu werden im Gebet und Gott zuzuhören ist auch insofern wichtig, als wir mit jemandem reden, der uns so gut kennt wie keiner sonst. Nicht umsonst sagt Jesus: »Wenn ihr betet, sollt ihr nicht plappern wie die Heiden, die meinen, sie werden nur erhört, wenn sie viele Worte machen. Macht es nicht wie sie; denn euer Vater weiß, was ihr braucht, noch ehe ihr ihn bittet.« (Matthäus 6,7-8) »Bitte, bitte, bitte« ist wohl das am häufigsten gesprochene Gebet der Welt. Und es hat seine Berechtigung, denn Jesus sagt auch: »Bittet, dann wird euch gegeben. [...] Oder ist einer unter euch, der seinem Sohn einen Stein gibt, wenn er um Brot bittet, oder eine Schlange, wenn er um einen Fisch bittet? Wenn nun schon ihr, die ihr böse seid, euren Kindern gebt, was gut ist, wie viel mehr wird euer Vater im Himmel denen Gutes geben, die ihn bitten.« (Matthäus 7,7-11). Aber »bitte, bitte, bitte« darf nicht das einzige sein, was wir Gott sagen, wenn es uns wirklich um eine Beziehung mit ihm geht und wir ihn nicht zu einem »Wunscherfüllungsautomaten« degradieren wollen. Denn zu einer gesunden Beziehung gehört es immer auch, »Danke« zu sagen und »Entschuldigung«, den anderen zu loben, ihn auch konstruktiv kritisieren zu dürfen und auch, ihn zu fragen:»Was meinst du dazu?« Und ganz abgesehen davon: Der Gott, an den ich glaube, lässt sich auch gar nicht zu einer »Oben schmeißt du eine Bitte rein und unten kommt die Erfüllung deines Wunsches raus«-Maschine degradieren. Es liegt doch auf der Hand: Wenn sich zehn Menschen um einen Job bewerben und zehn bitten »Herr, lass mich diese Arbeitsstelle bekommen«, können nicht alle zehn Gebete erhört werden. Stellt mir daraufhin jemand die »Warum wurde sein Gebet erhört und meines nicht?«-Frage, muss ich ehrlich antworten: Ich weiß es nicht! Aber ich vertraue darauf, dass Gott einen Grund dafür hat und dass er es am Ende gut mit uns meint.

Wie entlastend dieses Vertrauen sein kann, ist mir neulich im Gespräch mit einer Freundin bewusst geworden. Sie hatte ihrerseits von einer Freundin einen Glücksbringer aus Japan mitgebracht bekommen, einen sogenannten Daruma. Das ist eine kleine, rundliche, rote Figur mit zwei leeren weißen Augen. Sie stellt einen buddhistischen Mönch dar, der angeblich neun Jahre vor einer Wand gesessen und meditiert hat. Der Legende nach sollen ihm dabei einmal kurz die Augen zugefallen sein und darüber hat er sich so geärgert – vielleicht wäre ihm ja sonst in genau diesem Moment die Erleuchtung gekommen – dass er sich die Augenlider abgeschnitten hat. Als Glücksbringer soll der Daruma folgendermaßen fungieren: Man malt dem linken Auge der Figur eine Pupille und wünscht sich dabei ganz, ganz feste etwas. Dann stellt man das Teil an einen Ort, an dem man möglichst jeden Tag vorbeikommt, und der Wunsch wird in

Erfüllung gehen. Ist das passiert, soll man das zweite Auge ausmalen und die Figur im Tempel verbrennen. Bis heute ist der Daruma meiner Bekannten »blind«. Ihre Erklärung: »Ich weiß, das ist bescheuert, aber ich traue mich gar nicht, mir etwas zu wünschen. Gesetzt den Fall, das würde funktionieren – da muss man sich doch super, super gut überlegen, was man sich wünscht. Nee ... ich bin so froh, dass ich einen Gott habe, bei dem ich mir alles Mögliche wünschen kann und weiß, dass er es zu meinem Besten drehen wird. Da denkt man sich zwar manchmal ›Ey, so hatte ich mir das nicht vorgestellt‹, aber unterm Strich kann ich Gott vertrauen, dass das schon alles seine Richtigkeit hat.«

Wie heißt es so schön in einem Lied von Garth Brooks? »Some of gods greatest gifts are unanswered prayers.« (»Manche von Gottes schönsten Geschenken sind unbeantwortete Gebete.«) Brooks beschreibt in dem Lied nämlich, wie er mit seiner Frau bei einem Football-Spiel seine alte Highschool-Liebe wieder trifft. Nächtelang hat er gebetet, dass sie ein Paar würden, und dass er, wenn Gott ihm nur diesen einen Wunsch erfüllen würde, nie mehr um irgendetwas bitten werde. Doch es kam anders – und mit Blick auf seine jetzige Ehefrau kommt Brooks eben zu dem Schluss, dass manchmal die unbeantworteten Gebete das größte Geschenk sind. Und so singt er: »Remember when you're talkin' to the man upstairs, that just because he may not answer doesn't mean he don't care«, also sinngemäß »Denk daran, wenn du betest: Nur weil Gott nicht antwortet, heißt das nicht, dass er sich für dich nicht interessiert.« Man könnte auch sagen: Gott lässt kein Gebet unbeantwortet – manchmal lautet die Antwort nur »nein«.

Trotzdem glaube ich, dass es nicht sinnlos ist, Gott um etwas zu bitten. Aus der Überzeugung heraus »Gott wird schon alles zu meinem Besten drehen«, könnte man ja auch zu dem Schluss kommen: Es ist also egal, was ich mir wünsche, ob ich Gott im Gebet um etwas bitte oder nicht, es kommt doch eh alles, wie es kommen soll. Die Bitte im Vaterunser »Dein Wille geschehe« wäre dann Ausdruck eines völlig gottergebenen »Mach mal«. Ja, Gott macht und es ist gut, das zu wissen – gerade in unserer Zeit, in der viele meinen, prima ohne ihn zurechtzukommen und das Heft selbst in der Hand zu haben. Gleichzeitig ist es aber auch gut, seinen eigenen Willen zu haben, zu formulieren und vor Gott zu bringen. So hat es auch Jesus uns vorgemacht, wenn er in der Nacht vor seinem Verrat im Garten Getsemani gebetet hat: »Mein Vater, wenn es möglich ist, gehe dieser Kelch an mir vorüber. Aber nicht wie ich will, sondern wie du willst.« (Matthäus 26,39) Beten heißt also beides: Meinen Willen vor Gott bringen und mich gleichzeitig für seinen Willen öffnen.

Gott will, dass wir wollen
Wie wichtig Gott unser eigener Wille ist, zeigt sich auch in der Begegnung Jesu mit einem blinden Bettler. Der Evangelist Lukas schreibt darüber: »Als Jesus in die Nähe von Jericho kam, saß ein Blinder an der Straße und bettelte. Er hörte, dass viele Menschen vorbeigingen, und fragte: Was hat das zu bedeuten? Man sagte ihm: Jesus von Nazaret geht vorüber. Da rief er: Jesus, Sohn Davids, hab Erbarmen mit mir! Die Leute, die vorausgingen, wurden ärgerlich und befahlen ihm zu schweigen. Er aber schrie noch viel lauter: Sohn Davids, hab Erbarmen mit mir! Jesus blieb stehen und ließ ihn zu sich herführen. Als der Mann vor ihm stand, fragte ihn Jesus: Was soll ich dir tun? Er antwortete: Herr, ich möchte wieder sehen können. Da sagte Jesus zu ihm: Du sollst wieder

sehen. Dein Glaube hat dir geholfen. Im gleichen Augenblick konnte er wieder sehen. Da pries er Gott und folgte Jesus. Und alle Leute, die das gesehen hatten, lobten Gott.« (Lukas 18, 35-43) Man muss sich das mal auf der Zunge zergehen lassen. Da schreit ein Blinder »Hab Erbarmen mit mir« und Jesus fragt ihn »Was soll ich dir tun?« Ja, was wohl? Ein paar neue Schuhe besorgen? Es liegt doch auf der Hand, dass der Blinde sehen können möchte! Doch Gott stülpt uns nichts einfach so über – nicht einmal das Gute. Er weiß, was gut für uns ist, aber er möchte, dass wir selbst es uns wünschen. Er fragt: Was soll ich dir tun? So sehr respektiert er den Willen des Einzelnen! Letztlich sind wir hier wieder bei der Frage nach dem Verhältnis von Vorherbestimmung und Freiheit, das im Zusammenhang mit der Berufungsfrage schon einmal aufkam. Wie kann es sein, dass Gott einerseits einen Plan hat für mein Leben und mir andererseits einen freien Willen schenkt? Es kann deshalb so sein, weil es um Gott geht. Er ist derjenige, indem sich alle Gegensätze vereinigen. Mit menschlicher »Das passt doch nicht zusammen«-Logik kommen wir da nicht weiter. Wie Jesus selbst sagt: »Was für Menschen unmöglich ist, ist für Gott möglich.« (Lukas 18,27)

Deshalb brauchen wir uns zum Beispiel auch keine Gedanken zu machen, wie Gott allen betenden Menschen auf der Welt gleichzeitig seine Aufmerksamkeit schenken kann. Er ist Gott! Bei ihm ist nie »besetzt«! Das ist auch einer der Punkte, wenn ich in der Kinderkatechese schon mal Beten mit Telefonieren vergleiche. Da gibt es Gemeinsamkeiten – es geht um Kommunikation, man spricht mit jemandem, den man nicht sieht, man braucht eine gewisse Ruhe drumherum, um den anderen verstehen zu können – und Unterschiede – eben, dass bei Gott nie besetzt ist und dass es nichts kostet, ihn anzurufen.

Ich persönlich »telefoniere« täglich mit ihm, am ausführlichsten morgens. Mein Morgengebet dauert in etwa eine halbe Stunde. Ich gehe dafür in meine Gebetsecke, wo ich einen kleinen Altar habe mit Heiligenbildern und Ikonen und Fotos von Menschen, für die ich bete. Natürlich kann man theoretisch überall beten, aber mir hilft so ein Setting dabei, mich zu sammeln. Zunächst bin ich ein paar Minuten still, konzentriere mich auf meinen Atem, öffne mein Herz und bin einfach nur da vor Gott. Ich danke Gott für die Erholung, die er mir in der Nacht geschenkt hat, und dafür, gesund wieder aufgewacht zu sein. Dann bete ich die Laudes, das Morgenlob der Kirche, mit einem Hymnus und Psalmen, mit Lesung, Vaterunser, Bitten und Segen. Da gibt es tolle Bücher und Hefte wie zum Beispiel das »Magnificat« aus dem Verlag Butzon & Bercker oder das »Te Deum« aus dem Klosterverlag Maria Laach, die einem bei dieser Form des Betens helfen. Gerade die Psalmen sind, wie ich finde, ein riesiger Gebetsschatz, weil da einfach alles drin vorkommt: Lob, Dank, Bitte, Klage, das Ringen mit Gott ... da gibt es für jede Lebenslage etwas Passendes.

Bei meinem Morgengebet lese ich dann als nächstes die Schriftstellen des Tages aus der Bibel. Das ist Gottes Wort für mich, darauf kann ich mich beziehen, damit ich kann ich arbeiten. Wenn zum Beispiel im Evangelium vom Zöllner Zachäus die Rede ist, der auf einen Baum klettert, um Jesus zu sehen und dann von ihm heruntergerufen wird, dann kann ich beten: »Herr, du hast Zachäus gesehen, lass auch mich diejenigen nicht übersehen, die dich suchen«. Oder wenn davon berichtet wird, wie Jesus die Kinder segnet, dann kann ich beten: »Herr, du hast gesagt: ›Lasst die Kinder zu mir kommen. Denn Menschen wie ihnen gehört das Himmelreich‹. Gib, dass ich mit den Kommunionkindern, den Messdienern und den Schülern im Religionsunterricht nie die Geduld verliere.«Genauso gut kann ich aber auch beten »Herr, wie meinst du das?«, wenn ich etwas in den Schriftlesungen nicht verstehe. Nach der Bibel nehme ich dann meinen Kalender zur Hand und bringe den Tag, der vor mir liegt, vor Gott. Ich schaue, was ansteht, und erbitte zum Beispiel für ein Krisengespräch, das ich mit einem Mitarbeiter zu führen habe, Gottes Segen. Oder wenn ich an dem Tag einen Gottesdienst habe, bitte ich darum, dass Gott durch mich wirkt und es mir gelingt, die Menschen zu berühren. Schließlich bitte ich Gott noch um seinen Segen für bestimmte Menschen. Für alle, die mir anvertraut sind und für die ich Verantwortung trage, wie die Jugendlichen im Oberbergischen, die Menschen in meiner Gemeinde in Lindlar, meine Mitarbeiter ... Ich bete für Papst Franziskus, wie ich es ihm bei der Audienz versprochen habe, und für die Ehepaare, die ich getraut habe – besonders, wenn ich weiß, dass es bei ihnen gerade nicht so rund läuft. Ich bete für meine Patenkinder – allgemein um Gottes Segen für sie für diesen Tag oder in einem besonderen Anliegen, wenn sie erzählt haben, dass eine Mathearbeit ansteht oder ein Arztbesuch oder was auch immer. Ich erbitte Gottes Segen für die Menschen, von denen ich weiß, dass sie krank sind, und für diejenigen, die im Streit sind, dass Heilung und Versöhnung geschehen kann. Und ganz zum Schluss rufe ich dann noch ein paar Heilige, die mir besonders wichtig sind, um ihre Fürsprache für diesen Tag an. Das sind sozusagen meine Bodyguards, die mich umgeben wie eine Schutzmauer des Guten: der heilige Franziskus zum Beispiel und Don Bosco, Johannes Paul II. und der selige Charles de Foucauld, mein Jahresheiliger und mein Namenspatron, der heilige Norbert von Xanten.

Den Jahresheiligen ziehe ich immer zu Silvester. Ich bitte Gott darum, dass er mir den passenden Begleiter für das kommende Jahr schenken möge, und ziehe dann aus einem Korb mit Zetteln, auf denen die Namen von Heiligen stehen, einen heraus. Wer das für sich auch einmal ausprobieren möchte: die päpstliche Stiftung »Kirche in Not« hat dafür auch einen Online-Generator, sodass man das ganz ohne Zettelberg im Internet machen kann. Wenn ich weiß, auf wen das Los gefallen ist, beschäftige ich mich näher mit der Person und schaue, was Gott mir damit sagen will, dass er mir gerade diesen Mann oder diese Frau für das neue Jahr an die Seite stellt und zum Vorbild gibt. Und wie gesagt erbitte ich jeden Morgen die Fürsprache dieses Heiligen.

Bete nach deiner Fasson

Letztlich muss jeder die Form des Gebetes finden, die ihm liegt. Der eine nimmt lieber morgens den Tag in den Blick, der andere braucht die abendliche Rückschau auf das, was gewesen ist. Der eine kann mit vorformulierten Texten nicht viel anfangen, weil sie seine Gedanken und Gefühle nicht widerspiegeln, und betet lieber frei. Der nächste tut sich schwer damit, eigene Worte zu finden, und ist froh, wenn er auf formulierte Gebete zurückgreifen kann. Dabei zieht der eine klassische Gebete vor, der andere moderne. Der eine betet gerne den Rosenkranz, der andere die Psalmen. Der nächste kommt am besten im Gesang mit Gott in Kontakt, der übernächste in der völligen Stille. Wie bei so vielem plädiere ich dafür: Probiere aus, was dir liegt, und finde deinen eigenen Weg.

Ich kann nur für mich sagen: Ohne mein Morgengebet würde mir wirklich etwas fehlen. Das gibt mir Ruhe und Gelassenheit und Kraft für den Tag und was ich danach auch tue, ich fühle, dass Gott an meiner Seite ist. Ich erinnere mich noch gut daran, wie ich einmal verschlafen habe und nur noch eine halbe Stunde Zeit hatte, bis ich aus dem Haus musste. Normalerweise stehe ich immer so auf, dass ich mindestens eine Stunde Zeit habe, weil ich den Tag nicht ohne Gebet beginnen will, aber auch nicht ohne Frühstück. Mein Kaffee ist mir heilig und ich brauche auch was Ordentliches im Magen – sonst ist die Laune direkt im Keller. An diesem Tag habe ich deswegen echt mit mir gerungen: Gebet oder Frühstück? Da ich wusste, dass es ein langer, anstrengender Tag werden würde, wollte ich zumindest was im Magen haben und habe mich fürs Frühstück entschieden. Ich gehe also in die Küche, schmeiße erst die Kaffeemaschine und dann das Radio an und was höre ich auf Radio Berg? Genesis: »Jesus, he know's me« (Jesus kennt mich), genau genommen die Zeile »I've been talking to Jesus, all my live« (Ich rede mit Jesus schon mein ganzes Leben lang). Da hab ich kurz gestutzt, bin dann aber ins Bad gegangen und habe mich fertig gemacht. Ich komme zurück in die Küche, und was läuft im Radio? Madonna: »Like a prayer« (Wie ein Gebet). Da musste ich so lachen! Ich konnte echt nicht mehr. »Okay, okay, Gott«, habe ich gerufen, »ich hab's kapiert!« (Übrigens auch wieder ein Beispiel dafür, dass Gott sich schon seine Wege sucht, um einen zu erreichen. Dafür braucht man nicht Radio Vatikan zu hören!) Ich bin hochgegangen und habe gebetet. Es war tatsächlich ein langer, anstrengender Tag, und es gab die ein oder andere knifflige Situation, in der ich einfach nur froh war, morgens Gottes Segen erbeten zu haben.

Das Gebet, das ist mir an diesem Tag wieder ganz bewusst geworden, hat wirklich Macht. Es verändert mich. Und darin liegt seine größte Kraft. »Gebete ändern nicht die Welt«, hat Albert Schweitzer mal gesagt. »Aber die Gebete ändern Menschen und Menschen ändern die Welt.« Tatsächlich verändert es sowohl mich, wenn es mir gelingt, im Gebet eine Beziehung zu Gott aufzubauen, als auch mein Verhältnis zu den Menschen um mich herum. Wie es im ersten Johannesbrief heißt:»Wenn jemand sagt: Ich liebe Gott!, aber seinen Bruder hasst, ist er ein Lügner.« (1 Johannes 4,20) Gottesliebe und Menschenliebe sind untrennbar miteinander verbunden. Nicht umsonst antwortet Jesus auf die Frage danach, welches Gebot das wichtigste ist:»Du sollst den Herrn, deinen Gott, lieben mit ganzem Herzen, mit ganzer Seele und mit all deinen Gedanken. Das ist das wichtigste und erste Gebot. Ebenso wichtig ist das zweite: Du sollst deinen Nächsten lieben wie dich selbst. An diesen beiden Geboten hängt das ganze Gesetz samt den Propheten.« (Matthäus 22,37-40) Auf den ersten Blick ist das wieder so ein Schwarz-Weiß-Ding. Die Frage war schließlich: Was ist das wichtigste Gebot? Leg dich auf eines fest! Und Jesus sagt sinngemäß: Das ist das erste und wichtigste und das ist das zweite und genauso wichtigste. – Eben weil das eine nicht ohne das andere gedacht werden kann. Gottesliebe heißt immer auch Menschenliebe, und deshalb heißt Glaube auch immer Gemeinschaft. Und genau darum geht es im nächsten Kapitel.

Mit Teilnehmern meiner Taizéfahrt im Sommer 2013.
© privat

Auf dem Papsthügel vor der Abschlussmesse des XX. Weltjugendtags am 21. August 2005 auf dem Marienfeld bei Kerpen. © privat

FRÈRE ROGER
oder: Auf der Suche nach einer Gemeinschaft, die trägt

6

Es ruckelt, es quietscht, die Bahn hält. Türen auf, Türen zu, Abfahrt. Vorstadt fliegt vorbei. Selbst wenn der Regen, der auf den Fenstern seine Spuren zieht, nicht die Sicht verschleiern würde: viel zu sehen gibt es hier nicht. Es ruckelt, es quietscht, die Bahn hält. Türen auf, Türen zu, Abfahrt. Mir ist kalt. Seit Stunden schon habe ich nasse Füße. Die Genugtuung, wenigstens sitzen zu können und nicht mehr herumlaufen zu müssen, verschwindet schneller als sie gekommen ist beim Gedanken daran, nachher vom Bahnhof zur Unterkunft wieder durch den Regen zu müssen. Es ruckelt, es quietscht, die Bahn hält. Noch acht Mal! Ich schaue auf die Uhr: 23.42 Uhr. Bis ich im Bett sein werde, wird es wieder fast 1.00 Uhr. Jörg mir gegenüber hat schon die Augen geschlossen. An der Falte auf seiner Stirn kann ich aber erkennen, dass er alles andere als entspannt ist. Ich lasse meinen Blick schweifen: Michaela, Nicole, Mareike ... alle sehen gleich müde aus, dazu nass und durchgefroren. So hatte ich mir Mailand nicht vorgestellt.

Heute muss ich schmunzeln, wenn ich an mein erstes Europäisches Jugendtreffen von Taizé denke. Noch völlig beseelt von den Erfahrungen des Weltjugendtags 2005 in Köln hatte ich mich zusammen mit einigen Jugendlichen aus der Gemeinde, wo ich als Kaplan eingesetzt war, zu der Fahrt angemeldet. In meinem Kopf und meinem Herzen die Bilder von der Eröffnungsmesse des Weltjugendtags in Düsseldorf, von der Vigilfeier auf dem Marienfeld, von tanzenden Ordensschwestern auf der Domplatte. Benedetto-Rufe und »Jesus Christ, you are my life« an allen Ecken und Enden der Stadt. Sonnenschein von oben und Sonnenschein im Herzen. Das Fahnenmeer bei der Abschlussmesse und ein gemeinsames Vaterunser in allen erdenklichen Sprachen. Ich weiß noch genau, wie ich beim Blick auf eine Million Menschen aus aller Welt gedacht habe: Das ist ein Vorgeschmack aufs Paradies – so muss es im Himmel sein.

Getrübt worden waren der Friede und die Freude dieses riesigen Glaubensfestes nur am ersten Tag, als aus Frankreich die Nachricht kam, Frère Roger sei ermordet worden. Eine psychisch kranke Frau hatte den Gründer der ökumenischen Gemeinschaft von Taizé während des

Abendgebets dort in der Versöhnungskirche mit einem Messer angegriffen und so schwer verletzt, dass er kurze Zeit später starb. Zu hören, dass Frère Roger der Frau noch auf dem Sterbebett verziehen hat, und dass später bei der Trauerfeier eine Fürbitte für seine Mörderin gesprochen wurde, hat mich sehr beeindruckt.

Vergebung (auch) für eine Mörderin

Ich nahm das zum Anlass, mich nach dem Weltjugendtag näher mit der Person Frère Roger und mit seiner Gemeinschaft zu beschäftigen. Bis dato hatte ich, das muss ich zugeben, ein wenig vorteilhaftes Bild davon im Kopf. Die Leute, die ich kannte, die Taizé toll fanden, das waren für mich Birkenstock-Sandalen tragende Alt-68er. Ich dachte, Taizé ist so ein gefühlsduseliger Ort voller Hippies mit abgehobener »Love and Peace«-Einstellung – nichts, was mit meinem ziemlich bodenständigen Glauben zu tun hat. Aber in der Trauerfeier für die Frau zu beten, die den Gründer der Gemeinschaft erstochen hat, das war nicht abgehoben, das war gelebtes Evangelium! Eine große Geste der Versöhnung und des Friedens! Tatsächlich ist schon das Dasein der Gemeinschaft an sich ein konkretes Zeichen der Versöhnung, nämlich unter gespaltenen Christen und getrennten Völkern. Schließlich stammen die inzwischen rund hundert Brüder aus über fünfundzwanzig Ländern, und Katholiken sind ebenso darunter wie Mitglieder verschiedener protestantischer Kirchen. »Schon als Jugendlicher war Frère Roger zur Überzeugung gelangt, dass eine lebendige Gemeinschaft ein Zeichen der Versöhnung sein kann«, würdigte Frère Alois, der heutige Prior der Gemeinschaft von Taizé, einmal seinen Vorgänger. »Deshalb wollte er mit Menschen zusammenleben, deren vorrangiges Anliegen die Versöhnung war: Darin liegt die ursprüngliche

Berufung von Taizé, ein – wie er es ausdrückte – ›Gleichnis der Gemeinschaft‹ zu sein, ein kleines, sichtbares Zeichen der Versöhnung.« Bis ich selbst dieses Zeichen sehen und verstehen sollte, ging nach dem Weltjugendtag allerdings noch etwas Zeit ins Land. Zunächst stieß ich bei meinen Recherchen zu Taizé darauf, dass es seit 1978 immer über Silvester ein Treffen gibt in einer anderen europäischen Großstadt. Das ist eine Frucht des Jugendkonzils, das 1974 in Taizé stattgefunden hat. 40 000 junge Menschen kamen damals zusammen, um gemeinsam zu beten, Gottesdienste zu feiern, ihre eigene Lebensweise zu überdenken und zu überlegen, wie Frieden und Versöhnung in Kirche und Welt Wirklichkeit werden können. Die europäischen Treffen sind Teil des sogenannten »Pilgerwegs des Vertrauens auf der Erde«, und dieser ist aus dem Wunsch erwachsen, den Geist von Taizé in die Welt hinaus zu tragen. Frère Roger hat immer betont, dass es nirgendwo ein zweites Taizé geben könne. Er wollte keine Dependancen schaffen, keine organisierte Jugendbewegung aufbauen. Sein Aufruf war immer: »Geht in eure Kirchengemeinden; dort ist der Ort der Kirche. Der Glaube kann nur in Gemeinschaft gelebt werden, und das muss in eurer Ortskirche stattfinden.« Um den Menschen dort den Gedanken von Taizé näher zu bringen, wurden die Europäischen Jugendtreffen ins Leben gerufen.

Das Treffen zum Jahreswechsel 2005/2006 sollte in Mailand stattfinden, und ich dachte mir: »Super, Italien ist immer eine Reise wert!« An Kälte, Regen und Schnee hatte ich dabei so wenig gedacht wie daran, 90 Kilometer außerhalb des Stadtzentrums untergebracht zu sein und fast so viel Zeit in Bus und Bahn zu verbringen wie beim Gebet. Einer Art von Gebet im Übrigen, die mir zunächst nicht besonders zusagte. Allein die Lieder! Wer Taizé kennt, weiß, dass die Musik in der Spiritualität dieser Gemeinschaft eine große Rolle spielt. Gesungen wird meist mehrstimmig a cappella. Die Lieder sind kurz und werden oft wiederholt. Auf der Internetseite der Gemeinschaft heißt es dazu: »Kurze, stets wiederholte Gesänge schaffen eine Atmosphäre, in der man gesammelt beten kann. Der oftmals wiederholte, aus wenigen Wörtern bestehende und schnell erfasste Grundgedanke prägt sich allmählich tief ein. Meditatives Singen macht bereit, auf Gott zu hören.« Mich machte es bereit, die Halle möglichst schnell zu verlassen, in der gebetet wurde. Ich fand meditatives Singen todlangweilig. Immer die gleiche Melodie, immer der gleiche Text – schon am zweiten Abend hatte ich davon die Nase voll. Keine Spur von Weltjugendtagsatmosphäre!

Doch wie sagt man? Wer am Ende ist, kann von vorne anfangen. Als ich in Mailand also an dem Punkt »müde, kalt, nass, langweilig – alles doof« angekommen war, habe ich begonnen, das zu sehen, was positiv war. Die Gastfreundschaft der Familien zum Beispiel, bei denen wir untergebracht waren, oder die liebevoll gestalteten Gottesdienste in deren Gemeinde. Bei einer Stadtführung am dritten Tag habe ich die Schönheit Mailands gezeigt bekommen, und nach und nach kam in unserer kleinen Gruppe ein »Jetzt erst recht« auf. Die wirklich eher widrigen äußeren Umstände haben uns zusammengeschweißt, haben Freundschaften entstehen lassen, die bis heute halten. Elf Jahre nach der eingangs beschriebenen Zugfahrt treffen wir uns immer noch ab und zu in Düsseldorf. Manche haben inzwischen geheiratet, eine ist gerade Mutter geworden, ein anderer ist in einen Orden eingetreten. Auf den ersten Blick verbindet uns nicht viel, aber dass wir zum Jahreswechsel

2005/2006 zusammen beim Taizé-Jugendtreffen waren, wird uns immer verbinden. Und der Jahreswechsel war wirklich ein Erlebnis!

Einheit in Verschiedenheit

Um 23 Uhr haben wir uns zusammen mit den anderen Jugendlichen, die in unserer Gemeinde untergebracht waren, in der Kirche versammelt. Es wurde gebetet und gesungen bis kurz vor Mitternacht, und während dann draußen die Sektkorken und die Raketen knallten, sind wir schweigend ins neue Jahr gegangen. Diese Stille mitten im größten Trubel, dieses Innehalten, wenn alle Welt draußen feiert, das war für mich und die anderen eine ganz neue, intensive Erfahrung. Und natürlich haben wir danach auch Silvester gefeiert – im Pfarrheim beim »Fest der Nationen«. 160 Leute aus acht Ländern waren dabei. Jede Gruppe musste etwas Landestypisches präsentieren: einen Tanz, ein Lied, ein Spiel ... bis drei Uhr haben wir ausgelassen gefeiert, getanzt und gesungen. Selbst wenn einem manchmal die Worte fehlten, unsere gemeinsame Sprache war in dem Moment die Freude. Und da war es plötzlich wieder: das Weltjugendtagsgefühl! Die Erkenntnis, eins zu sein in Gottes Liebe – völlig unabhängig von Sprache und Nationalität.

»Es war das Silvesterfeiern, das euch geeint hat, nicht Gottes Liebe«, mag mancher denken. Aber das eine ist für mich als Christ vom anderen nicht zu trennen. Es gibt nicht das Weltliche einerseits und das Göttliche andererseits. Die Party im Pfarrheim und das Gebet in der Kirche, beides gehörte zusammen. Gott ist – davon bin ich fest überzeugt – überall dort, wo Menschen beieinander sind, wo sie miteinander Freude und Leid teilen. In dieser Nacht war Gott in Mailand und ließ uns erleben, was uns als seine Kinder ausmacht: Einheit in Verschiedenheit!

Dass dieses Gefühl einen Ort hat, einen Platz in der Welt, an dem es immer präsent ist und nicht nur zu Großereignissen wie Weltjugendtagen oder Europäischen Jugendtreffen, habe ich gut zwei Jahre später erfahren dürfen. Als Jugendseelsorger für den Oberbergischen Kreis hatte ich mitbekommen, dass ein Kollege über Ostern mit einer Gruppe Jugendlicher nach Taizé fahren wollte. Da meine Neugierde auf diesen Ort längst größer war als die auf meinen Vorstellungen einer Alt-68er-Hippie-Kommune beruhende Ablehnung, schloss ich mich ihm kurzerhand an – und war schockiert. Dass mich kein Fünf-Sterne-Luxushotel erwarten würde, war mir klar. Dass ich mich aber in einem unbequemen Stockbett in einer völlig verdreckten, für sechs Leute zu kleinen Baracke wiederfinden würde, in der ich dank des ausgiebigen Schnarchkonzerts der anderen kein Auge zumachen sollte, hatte ich so nicht erwartet. Ebenso wenig den matschigen, verschlammten Fußweg zu einer Toilette, über deren Sauberkeit man freundlich formuliert nur schreiben kann, dass sie nicht vorhanden war. Oder die sehr überschaubaren Essensrationen, die zwar bestenfalls nach nichts schmeckten, für die man sich aber eine halbe Stunde draußen im Regen anstellen musste. Wieso hatte mich keiner gewarnt? Dass in der ersten Bibelrunde, in der ich müde und hungrig saß, der eine Teil der Leute kein Englisch sprach und der andere keinen Bock hatte, war da nur noch ein weiterer Tropfen auf das eh schon übergelaufene Frust-Fass.

Doch länger als einen Tag halte ich es kaum aus, so schlecht gelaunt zu sein. Dafür hat Gott uns definitiv nicht geschaffen. Also setzte – ähnlich wie in Mailand – nach einer weiteren schlafarmen Nacht die Phase zwei ein: »Mach das Beste draus und schau auf das, was gut ist.« Taizé, so stellte ich fest, ist voll von jungen Menschen – wirklich jungen Menschen, nicht »Berufsjugendlichen«, wie sie uns in der Kirche daheim oft begegnen. »Was wollen die alle hier?«, habe ich mich gefragt und angefangen, nach Gemeinsamkeiten zu suchen. Gelegenheit dazu gab es während der Warterei an den Essensausgaben ja genug. Schnell stellte ich fest, dass die Menschen oberflächlich betrachtet kaum unterschiedlicher hätten sein können: Da waren welche mit Birkenstock-Sandalen und andere mit Springerstiefeln, da waren welche mit Seitenscheitel und andere mit Irokesen-Frisur, da waren welche mit Bibel unterm Arm und andere mit mehr Piercings im Gesicht als Perlen am Rosenkranz sind. Auch sonst war die Bandbreite groß, wie sich in Gesprächen herausstellte. Manche waren in religiösen Elternhäusern aufgewachsen, andere nicht einmal getauft. Manche kamen jedes Jahr nach Taizé, für andere war es das erste Mal. Manche hatten einen festen Glauben, andere große Zweifel.

In diesem bunten Haufen gab es nur eine einzige Gemeinsamkeit: alle waren in Taizé. Dreimal am Tag kamen sie zusammen, um zu beten, zu singen und zu schweigen. Nicht ein oder zwei Minuten Schweigen wohlgemerkt, sondern acht Minuten. Acht lange Minuten! Sitzen oder knien und still sein – für mich eine echte Herausforderung. Nach einer Minute habe ich angefangen, mich verstohlen umzuschauen. Nach zwei Minuten habe ich es ganz offen getan. Ich habe die Ikonen im Raum gezählt, die Kerzen, die Haare im Nacken meines Vordermanns. Ich habe Wetten mit mir abgeschlossen, wann und wo das nächste Mal jemand hustet. Aber irgendwann bist du durch mit allem Zählen und allem Aufs-Husten-Achten. Irgendwann schaust du nicht mehr auf den neben dir oder vor dir, sondern in dich. Irgendwann bist du einfach da – und erkennst, was für ein Geschenk das ist, einfach da sein zu dürfen. Nichts tun zu müssen. Nichts leisten zu müssen. Nur da zu sein, so wie man ist. Und in dem Moment kam mir auch die Erkenntnis, warum die Jugendlichen in all ihrer Verschiedenheit in Taizé waren: Weil sie dort so sein durften wie sie sind! Glaubende, Zweifler, Hippies, Punks, Normalos, Betende, Suchende. Es ist eine unglaubliche Atmosphäre des Angenommenseins, die die Brüder in Taizé schaffen. Sie wollen niemandem etwas aufzwingen, niemandem etwas überstülpen. Auch nicht bei der Bibelarbeit. Sie teilen ihre Glaubenserfahrungen – und was der Einzelne damit macht, ist seine Sache. »Christus ist nicht auf die Erde gekommen, um eine neue Religion zu gründen, sondern um allen Menschen eine Gemeinschaft in Gott zu eröffnen«, hat Frère Roger oft gesagt. Dass diese einzigartige Gemeinschaft, die Kirche, für ausnahmslos alle Menschen da ist, kann man in Taizé erfahren. Man steht dort nicht unter Druck, irgendwelchen Erwartungen genügen zu müssen. Man wird angenommen und man wird ernst genommen – und das überträgt sich auf das Miteinander der Jugendlichen. Auch die lassen sich plötzlich so sein, wie sie sind. Sie hören sich zu, sie verurteilen sich nicht, sie nehmen einander an. Taizé ist in dieser Hinsicht ein Stück Himmel auf Erden.

Jeder ist bei uns willkommen! Wirklich?
»Warum sind in der Kirche, in der Gemeinde, in den Gottesdiensten so wenig Jugendliche?«, höre ich zu Hause immer wieder die Leute fragen. Gerne möchte ich zurückfragen: Sind sie denn willkommen? So, wie sie sind? Mit ihren Piercings und Tattoos? Mit ihren Überzeugungen? Mit ihren Fragen? Nehmen wir sie ernst? Und Hand aufs Herz: Es sind doch nicht nur die Jugendlichen! Wo, bitteschön, sitzt denn in den Sonntagsmessen tatsäch-

lich ein Querschnitt der Bevölkerung? Akademiker, Arbeiter und Arbeitslose? Kranke und Gesunde? Junge und Alte? Deutsche und Menschen anderer Nationalitäten? Das Allumfassende ist der größte Schatz des Katholischen! Und was machen wir daraus? Jeden schief angucken, der (vermeintlich) nicht so ist wie wir. Der das Glaubensbekenntnis nicht auswendig mitsprechen kann. Der blau gefärbte Haare hat. Der nichts in den Klingelbeutel schmeißt.

Das ist fatal! Niemand – weder die Gemeinde noch der Priester – darf das Gefühl vermitteln:»Du passt hier nicht hinein.« Im Gegenteil! Es wäre unsere Aufgabe, jeden willkommen zu heißen. Ich erinnere mich an eine Unterhaltung mit einem jungen Mann aus einer Freikirche, der als Gast einer Trauung zum ersten Mal in einem katholischen Gottesdienst war. (Das ist übrigens einer der Gründe, weshalb ich so gerne Trauungen leite: die Gemeinde, die da zusammenkommt, ist oft deutlich vielfältiger und bunter als die einer Sonntagsmesse.) Bei der anschließenden Hochzeitsfeier kam ich mit dem jungen Mann ins Gespräch, weil er einige Fragen zu dem Gottesdienst hatte. Gerne habe ich ihm alle so gut ich konnte beantwortet. Eine Frage allerdings läuft mir bis heute nach.»Wenn ich am Sonntag zu euch in die Messe komme, bin ich da willkommen?«, wollte der Mann wissen. Gerne hätte ich geantwortet:»Ja, sicherlich bist du willkommen. Jeder ist bei uns willkommen!« Aber die ehrliche Antwort hätte wohl lauten müssen:»Im besten Fall nimmt dich niemand wahr, im schlimmsten Fall wirst du als Störfaktor empfunden.«

Seitdem habe ich mir angewöhnt, zu Beginn der Messe hin und wieder zu fragen, ob jemand das erste Mal da ist – sei es zum Beispiel, weil er neu zugezogen oder gerade bei jemandem zu Besuch ist. Wenn sich jemand meldet, gehe ich hin und begrüße ihn oder sie mit einem »Schön, dass Sie da sind«. Und die Erfahrung zeigt: Die Menschen freuen sich darüber. Manche sind anfangs vielleicht kurz verunsichert, aber wenn sie merken, dass nichts weiter von ihnen erwartet wird, freuen sie sich. Die Begrüßung ist nur ein kleines Zeichen, und ich mache es nicht jedes Mal, damit es nicht zur Routine verkommt, aber vielleicht kann es für die Gemeindemitglieder eine Anregung sein, darüber nachzudenken, ob und wie sie selbst andere willkommen heißen können.

Frère Roger hat in Taizé einen Ort des Willkommenseins und des gegenseitigen Respekts geschaffen. Doch es ist mehr als ein friedliches Nebeneinander, das dort in der Schlichtheit und Einfachheit des Lebens erfahrbar wird. Es ist ein friedliches Miteinander. Jeder Einzelne ist in der Verantwortung, seinen Teil zum Gelingen des Ganzen beizutragen. Im praktischen Tun – sei es in der Küche oder als Übersetzer, im Shop, im Reinigungs-Team oder wo auch immer – und im gegenseitigen Austausch bei der Bibelarbeit. Es ist nicht nur ein »Ich höre dir zu und lass dich sein, wie du bist«, bei dem es egal wäre, ob der Einzelne seine Meinung äußert oder nicht, sondern ein »Ich höre dir zu und versuche, dich zu verstehen. Ich höre dir zu und schaue, ob ich von dir lernen kann. Ich höre dir zu und entwickele mich dadurch selbst weiter«. Leider haben heutzutage viele Menschen den Standpunkt, dass der Glaube etwas zutiefst Persönliches ist, über das man nicht mit anderen redet – etwa nach dem Motto: »Ich diskutiere gerne mein Sexualleben mit meinen Freunden, aber ich sage denen doch nicht, dass oder was ich bete!« Ich finde: Indem ich mit anderen über meinen Glauben spreche, werden mir manche Dinge erst richtig bewusst, gewinne ich an Sicherheit oder werde umgekehrt angeregt, meine Position neu zu überdenken. Das ist es, was für mich Gemeinschaft im Glauben ausmacht. Manchmal merke ich erst in Gesprächen, dass andere Menschen Antworten auf Fragen gefunden haben, die auch ich mir stelle. Und manchmal helfen mir Fragen, die andere stellen, selbst eine Antwort zu finden. Mitzubekommen, wie andere Menschen ihren Glauben leben, kann meinen enorm bereichern.

Gelebte Ökumene und ein katholischer Schatz

Ein Ort, wo ich das ganz deutlich erfahren habe, ist – neben Taizé – die Abtei Chevetogne in der Provinz Namur am Nordrand der belgischen Ardennen. Chevetogne ist ein internationales Benediktinerkloster, in dem eine ökumenische Berufung gelebt und die Bi-Ritualität gepflegt wird. Das heißt, dass es dort neben einer katholischen Kirche, in der Gottesdienste im römischen Ritus gefeiert werden, auch eine orthodoxe Kirche gibt für Feiern im byzantinischen Ritus. Beide Riten, Ost- und West-Kirche, stehen in Chevetogne gleichberechtigt nebeneinander. Die Gemeinschaft dahinter wurde 1925 von Pater Lambert Beauduin gegründet, ein Jahr, nachdem Papst Pius XI. in einem Apostolischen Brief den Benediktinern die Versöhnung mit den Ostkirchen zur besonderen Aufgabe gemacht hatte.

Ich erinnere mich noch gut, dass ich auch beim ersten Besuch in Chevetogne alles andere als begeistert war. (Vielleicht hätte ich das gesamte Kapitel »Liebe auf den zweiten Blick« überschreiben sollen?!) Es muss um das Jahr 2000 gewesen sein, dass ich während des Studiums mit einigen Kommilitonen zu Besinnungstagen im belgischen Trappistenkloster Rochefort zu Gast war. Von dort nahm uns unser Spiritual am ersten Abend mit zur Vigilfeier nach Chevetogne, wo ich erfuhr: Drei Stunden orthodoxe Vigil können ganz schön lang werden, wenn man die Gesänge und Gebete nicht versteht, wenn man sich wundert, warum die Gemeindemitglieder nichts antworten, nicht mitsingen, sondern wie Zuschauer einer Art heiligem Spiel beiwohnen. Da geht hier eine Tür auf und wieder zu, da geht einer von rechts nach links, ein Vorhang wird aufgemacht und wieder geschlossen, gefühlte 100 Mal wird das Kyrie eleison wiederholt ... ich fand das alles sehr befremdlich.

Aber es war auch eine heilsame Erfahrung, denn sie hat mir gezeigt, wie langweilig ein Gottesdienst ist, wenn man ihn nicht mit innerer Anteilnahme mitfeiern kann. Ich habe mich gefragt: Geht es anderen bei uns in der Kirche genauso? Wie empfindet jemand, der keine Ahnung davon hat, eine katholische Messe? Auf einen Außenstehenden muss das doch auch alles ganz schön befremdlich wirken: das Aufstehen und Hinsetzen und Hinknien und Wiederaufstehen. Das Holen und Wegbringen der Leuchter. Der Weihrauch. Was der Priester da mit Brot und Wein macht.

Ich denke, die Bedeutung der Zeichen und Gesten zu verstehen, ist für das Erleben eines Gottesdienstes entscheidender, als die Bedeutung der Worte zu verstehen. Wenn ich zum Beispiel im Ausland in einer katholischen Messe bin, fühle ich mich direkt gut aufgehoben und zu Hause – selbst, wenn ich kein Wort verstehe. Ich kenne die Riten und kann ihnen folgen. Und an den meisten Stellen weiß ich sogar auch, ohne etwas zu verstehen, was gesprochen wird, weil die Liturgie weltweit die gleiche ist. Das ist ein großer Schatz des Katholischen. So können wir auch problemlos in verschiedenen Sprachen zusammen beten – etwa beim Weltjugendtag, wenn jeder in seiner Sprache das Vaterunser spricht.

Ich glaube, in meiner ersten orthodoxen Vigil habe ich nicht einmal ausmachen können, wann das gebetet wurde. Dass ich überhaupt noch einmal nach Chevetogne gefahren bin, lag an Thomas, einem Freund, der mir Jahre später so begeistert davon erzählte, was ihm dieser Ort und seine Spiritualität bedeutet, dass ich dem Ganzen eine zweite Chance geben wollte. Eine ganze Woche habe ich 2005 mit ihm zusammen als Gast im Kloster gelebt, habe ein paar der Mönche kennengelernt und nach und nach auch mehr über die Gottesdienste der orthodoxen Kirche erfahren. Von ein paar Zusätzen oder Ausformungen abgesehen, entspricht ihre Liturgie im Wesentlichen immer noch der des achten Jahrhunderts. Ein Gedanke, den ich faszinierend finde. Auch die orthodoxe Vorstellung, dass in den himmlischen Welten eine immerwährende Liturgie gefeiert wird, in die wir für die Zeit des Gottesdienstes mit hineingenommen werden, finde ich total spannend. Deshalb ist der orthodoxe Gottesdienst eher wie ein immerwährender Strom und der ständige Gesang ist wie das fließende Wasser, in das man als Gottesdienstteilnehmer eintaucht. Eine Erfahrung, die ich nicht mehr missen möchte! Eine Erfahrung aber auch, die ich nie gemacht hätte, wenn ich nicht offen gewesen wäre für das, wovon mein Freund mir vorgeschwärmt hat. Sich auszutauschen über Gotteserfahrungen, über Glaubensfragen, über Gottes Wort ... das ist eine riesige Bereicherung. Das ist es im Übrigen auch, was meiner Meinung nach unser Kölner Erzbischof Rainer Maria Woelki im Sinn hatte, als er in seinem Fastenhirtenbrief 2016 von einem geistlichen Weg schrieb.

Ich bin mir ziemlich sicher: Wenn ich ein Eremit wäre und meinen Glauben alleine leben müsste, ich würde eingehen. Manchmal werde ich von Jugendlichen oder auch von Leuten, die der Kirche eher ablehnend gegenüberstehen, gefragt: »Wozu brauche ich die Kirche? Glauben kann ich doch auch alleine.« »Stimmt«, sage ich dann, »glauben kannst du auch alleine. Aber ob das fruchtbar ist?« Ich denke, dass Jesus seine Jünger nicht ohne Grund immer mindestens zu zweit ausgesandt hat und dass er uns auch nicht ohne Grund beigebracht hat, »Vater unser im Himmel« zu beten. Es hätte ja auch »Vater mein« heißen können. Doch Gott möchte, dass wir in Gemeinschaft leben und in Gemeinschaft glauben, dass wir einander stärken und füreinander da sind, dass wir miteinander teilen und aneinander wachsen.

Wie der Apostel Paulus es ausdrückt: »Ich sehne mich danach, euch zu sehen; ich möchte euch geistliche Gaben vermitteln, damit ihr dadurch gestärkt werdet, oder besser: damit wir, wenn ich bei euch bin, miteinander Zuspruch empfangen durch meinen und euren Glauben!« (Römer 1,11-12) Miteinander Zuspruch empfangen durch meinen und euren Glauben, das ist der springende Punkt: Der eigene Glaube kann an dem des anderen wachsen. In meinem Leben sind mir schon viele Menschen begegnet, die ihren Teil dazu beigetragen haben, dass mein Glaube gewachsen ist. Manche haben den Samen, den Gott mir ins Herz gelegt hat, ganz bewusst begossen. Andere werden vielleicht überrascht sein zu erfahren, wie sie mich beeinflusst haben. Aber allen gemeinsam ist das nächste Kapitel gewidmet.

Begegnung mit Father Roderick Vonhögen am 21. September 2016 in Rom.
© *privat*

Mit Pastor Bill Wilson nach einem Gottesdienst am 17. April 2016 in Köln-Porz.
© *privat*

DER MANN IM GEFÄNGNIS

oder: Von Vorbildern und dem, was dich prägt

7

Waren es deine Eltern? Oder deine Großeltern? Vielleicht eine Erzieherin im Kindergarten? Dein Religionslehrer? Oder ein Priester? Wer hat dir zuerst gesagt und wichtiger noch: gezeigt, dass es Gott gibt und dass er dich liebt? Und bei wem hast du erleben dürfen, was es heißt, mit Gott durchs Leben zu gehen?

Ja, es gibt die Momente, in denen Gott sich ganz unvermittelt offenbart: Es gab sie früher, und es gibt sie heute. Aber die Regel ist das nicht. Normalerweise zeigt Gott sich uns in unseren Mitmenschen. Er wirkt durch andere. Denn der Gott, an den wir Christen glauben, ist ein Gott der Beziehung. Als dreieiniger Gott ist er das sogar seinem Wesen nach. Die Menschen, die er nach seinem Bilde geschaffen hat, sind seine Mitarbeiter am Reich Gottes, seine Zeugen. Vor seiner Himmelfahrt hat Jesus zu seinen Jüngern gesagt: »Ihr werdet die Kraft des Heiligen Geistes empfangen, der auf euch herabkommen wird; und ihr werdet meine Zeugen sein in Jerusalem und in ganz Judäa und Samarien und bis an die Grenzen der Erde.« (Apostelgeschichte 1,8). Ihr werdet meine Zeugen sein. Nicht: Ihr sollt meine Zeugen sein. Nicht: Ich bitte euch darum, meine Zeugen zu sein. Nein: Ihr werdet meine Zeugen sein.

In meinem Leben bin ich schon vielen Menschen begegnet, die wirklich Zeugen gewesen sind. Durch sie habe ich erfahren dürfen, wie Gott liebt, wie Gott vergibt, wie er tröstet und begleitet. Überhaupt habe ich schon so viel von anderen lernen dürfen. Am Du wird der Mensch bekanntlich erst zum Ich, wie der Religionsphilosoph Martin Buber es formuliert hat. Ich habe von mir nahestehenden Menschen gelernt, von Menschen, die mich ein Stück meines Lebens begleitet haben, aber auch von solchen, denen ich nur einmal begegnet bin. Sogar Menschen, die ich nie persönlich kennengelernt habe, gehören zu meinen Lehrern, Vorbildern und Mir-Gott-Zeigern – vom heiligen Franziskus bis zu Elvis Presley. Und bei diesen Inspirationen geht es gar nicht immer direkt um Religion und Glauben.

In meinem Elternhaus zum Beispiel war Religion nie groß ein Thema, und trotzdem sind meine Eltern natürlich für mich und damit auch für meinen Glauben und mein religiöses Leben ganz prägend und wichtig gewesen. Sie haben mich taufen lassen, mich zur Erstkommunion geführt und mir die Firmung ermöglicht. Durch ihre Art, die Ehe zu leben, habe ich gelernt, was es heißt, in Treue zu dem zu stehen, was man vor Gott versprochen hat – komme was wolle. Und wenn ich an die Zeit denke, nachdem mein Vater 1981 aus Polen nach Deutschland ausgereist war und nach der Grenzschließung nicht zu uns zurückkehren konnte, habe ich von meinen Eltern gelernt, selbst unter widrigsten Umständen an der Hoffnung und an der Liebe festzuhalten – egal, wie weit man voneinander entfernt ist. Außerdem haben die beiden mir beigebracht, dass man hart dafür arbeiten muss, wenn man etwas haben oder erreichen möchte. Meine Geschwister und ich, wir haben nie Zucker in den Hintern geblasen bekommen. Dafür haben wir Liebe erfahren, die sich im Tun äußert: Meine Eltern haben vieles für uns geopfert und hätten für uns Kinder alles gegeben.

Noch mehr Hingabe habe ich nur bei meiner Oma Helena erlebt. Sie ist wirklich dafür geboren, für andere da zu sein. Ich kenne keinen Menschen, der so selbstlos ist, beziehungsweise der erst im Aufopfern für andere wirklich bei sich ist. Omas Güte und Liebenswürdigkeit sind außergewöhnlich! Außerdem ist sie für mich ein großes Vorbild darin, mit Schicksalsschlägen umzugehen. Man muss sich das vorstellen: Mit 16 Jahren ist sie schwanger geworden und hat geheiratet. Acht Jahre später stirbt ihr Mann an Krebs und sie steht da als 24-jährige Witwe und alleinerziehende Mutter von vier Kindern. Selbst ist sie nur bis zur dritten Klasse zur Schule gegangen, hat nie eine Ausbildung gemacht. Aber weil ihrem Mann Bildung sehr wichtig war, hat sie ihm noch auf dem Sterbebett versprechen müssen, dass die Kinder ordentliche Abschlüsse bekommen werden.

Hinterfragt hat sie das nie – Oma hat gemacht. Übrigens auch etwas, was ich von ihr gelernt habe: Manchmal ist es besser, statt zu grübeln einfach loszulegen. Oma hat sich hingesetzt und sich selbst das Nähen beigebracht, hat nachts gearbeitet und war tagsüber für ihre Kinder da. Alle vier haben Abitur gemacht, zwei sogar studiert! Wenn man sie fragt, wie sie das damals geschafft hat, sagt sie:»Mit Gottes Hilfe.« Oma war und ist ein tiefgläubiger Mensch, der viel betet und ein unerschütterliches Gottvertrauen hat. Meinen Glauben daran, dass man mit Gottes Hilfe alles bewältigen kann, verdanke ich ihr. Oma war übrigens auch die einzige, die sich gefreut hat, als herauskam, dass ich Priester werden möchte. Na ja, zumindest war sie freudig erstaunt – bei den anderen schwankten die Reaktionen zwischen Erschrecken und Entsetzen.

Drei Originale und ein Wackel-Dackel
Wenn ich überlege, wer mich in meinem Priestersein geprägt hat, dann sind es vor allem drei Menschen: unser ehemaliger Kaplan Fritz May, von dem in Kapitel 1 schon kurz die Rede war, der Pfarrer, bei dem ich im Theologiestudium mein erstes Praktikum gemacht habe, Reiner Stein, und der Pfarrer, bei dem ich den praktischen Teil meiner Ausbildung zum Priester absolviert habe, Heinz-Peter Teller.

Als ich Fritz May begegnet bin, hatte ich freilich noch keinen blassen Schimmer davon, dass das Priestersein auch meine eigene Berufung sein könnte. Ich fand es einfach toll, wie lebensfroh dieser Kaplan war: Ein ganz liebenswürdiger Mensch, mit dem wir viel gelacht haben, der eine große Herzlichkeit ausstrahlte und eine kindliche Freude am Glauben. Er gab uns Jugendlichen das Gefühl, mit ihm über alles reden zu können, und hatte keine Scheu zuzugeben, wenn er eine Frage mal nicht sofort beantworten konnte. Bis dato hatte ich Priester eigentlich nur im Gottesdienst erlebt. Die meisten waren für mich alte, lebensfremde Männer, die nichts anderes taten als beten und keine Ahnung hatten von Fußball und Frauen. Und jetzt war da plötzlich jemand, der mit beiden Beinen im Leben stand, der mit uns Radtouren unternahm, eine Wallfahrt nach Trier machte, sogar vorschlug, ein Theaterstück einzustudieren. Schauspielerei, das war mein Ding. Da kam plötzlich ein Priester in meine Welt! Rückblickend habe ich damals gelernt, wie wichtig es ist, in der Lebenswelt von anderen zu sein, um mit der Frohen Botschaft bei ihnen ankommen zu können.

Dieses Lebensbejahende, Offene, Humorvolle, das Fritz May mitbrachte, das habe ich später noch einmal erleben dürfen bei Heinz-Peter Teller in Leverkusen-Opladen. Drei Jahre war ich dort – erst noch Praktikant, dann Diakon, dann Kaplan. Aber Heinz-Peter ist nicht nur mein Mentor gewesen, er ist mir auch ein guter Freund geworden. Was mir von Anfang an ihm imponiert hat, war, dass er ein »Typ« ist. Ein Original, keine Kopie – zum Beispiel dadurch, dass er sich immer super schick und stylisch kleidet. In der Zeit als Priesteramtskandidat hatte ich manchmal regelrecht Albträume, gleichgeschaltet zu werden. Da sind mir so viele Priester begegnet, die alle gleich aussahen mit Seitenscheitel und Brille und schwarzem Anzug und irgendwie eher unmännlich ... ich fand das furchterregend. Deshalb war ich sehr erleichtert, bei Heinz-Peter zu sehen: Du kannst auch als Priester bleiben wie du bist und dein Ding durchziehen.

Alles aufzuzählen, was ich von ihm für die Gemeindearbeit gelernt habe, würde hier den Rahmen sprengen.

Herausragend aber ist die Liebe zur Liturgie: Wert darauf zu legen, dass sie schön ist und ansprechend und von A bis Z gut durchdacht. Über die Bedeutung des Kirchenjahres und seiner Feste habe ich in Opladen mehr gelernt als im Studium. Heinz-Peter hat da ein unglaubliches Wissen und gleichzeitig die Gabe, Dinge herunterzubrechen und charmant und für jeden verständlich zu erklären. Außerdem kann er sich hervorragend auf sein Gegenüber einstellen – ob Kleinkind oder Politiker. Von ihm habe ich gelernt, den Menschen wirklich zuzuhören, zum Beispiel in der Ehevorbereitung oder in Trauergesprächen, und nachzufühlen: »Was ist jetzt dran? Braucht mein Gegenüber einen Rat? Trost? Einen Witz?«

Diese Art, auf das zu schauen, was dem anderen dient und was ihm gut tut, die brachte auch der Pfarrer mit, bei dem ich als Theologiestudent 1998 mein erstes Praktikum gemacht habe: Reiner Stein in Solingen. Sein »Ich heiße Reiner – und euch herzlich willkommen« habe ich heute noch im Ohr. Ähnlich wie für Heinz-Peter stand das Heil der Menschen für ihn stets an erster Stelle. Er wollte, dass sie aus dem Glauben Kraft schöpfen für ihr Leben und dass es ihnen gut geht – und das ist etwas, was ich auch für meine eigene Arbeit verinnerlicht habe. Zutiefst beeindruckt und geprägt hat Reiner mich durch seine Art, aus dem Wort Gottes zu leben. Jedes Dienstgespräch fing damals selbstverständlich mit Bibelteilen an, also der gemeinsamen Lektüre der für den Tag vorgesehenen Texte aus der Heiligen Schrift und dem persönlichen Austausch darüber. Damals habe ich zum ersten Mal erlebt, dass ein Mensch sich so stark von Gottes Wort leiten lässt, dass er es wirklich zu seiner Richtschnur macht im Leben. Dass dieses Wort und die Gegenwart nicht zwei getrennte Bereiche sind, sondern dass das Wort Gottes im Jetzt und Hier konkret wird.

Diesem Wort folgend ist Reiner anderen Menschen auch stets mit Bedacht und mit Nachsicht begegnet. (Ohne Kollegen-Bashing betreiben zu wollen: Ich weiß, dass man das leider nicht von allen Priestern sagen kann.) Ich bin sehr dankbar, dass er mir als Praktikant etwas zugetraut und anvertraut hat, dass ich zum Beispiel alleine Krankenbesuche machen durfte oder Frühschichten gestalten konnte. Zum Abschied hat er mir einen nickenden Wackel-Dackel geschenkt und gesagt: »Norbert, so darfst du nicht werden.« Den Dackel habe ich noch, Reiner. Und so werde ich nie!

Nun ist es ja nicht besonders ungewöhnlich, dass man in einem Praktikum etwas lernt oder dass einen der Mentor prägt, bei dem man den praktischen Teil seiner Ausbildung macht. Doch es lohnt sich, mal in Ruhe zu überlegen, wer einen beruflich noch so beeinflusst hat. Unter meinen »Top Ten« tauchen dann nämlich plötzlich auch ein Baptist aus Brooklyn auf, ein niederländischer Star-Wars-Fan und ein polnischer YouTuber.

So predigt ein Profi: abschalten unmöglich

Der Baptist aus Brooklyn ist Bill Wilson. Ohne ihn würde ich nicht so predigen, wie ich es mache. Seit über dreißig Jahren lebt Bill Wilson in New York in einer Gegend, die von Gewalt und Armut beherrscht wird, und betreibt dort eine riesige Sonntagsschule für Kinder. (Wer mehr darüber erfahren möchte, dem empfehle ich folgende Internetseite: www.metroworldchild.org.) Während des Studiums gab mir ein Kommilitone mal eine Kassette mit einem Vortrag von Wilson über das Thema Auferstehung. Ich habe mir das angehört und war hin und weg: So fesselnd hatte ich noch nie jemanden predigen hören. Wilson sprach darüber, wie Gott auch im Elend des Ghettos manchmal Tod in Leben verwandelt. Er erzählte von den

Drogendealern, mit denen er zu tun hat, von den Banden und Prostituierten und wie er in dieser Hölle der Gewalt versucht, den Glauben zu leben und weiterzugeben, dranzubleiben und nicht aufzugeben. Seine mitreißende Art hat mich so fasziniert, dass ich diesen Mann unbedingt näher kennenlernen wollte. Ein paar Mal habe ich ihn live erleben dürfen, wenn er zu Vorträgen in Deutschland war. Und jedes Mal aufs Neue fesseln mich seine Worte. »Wenn du etwas haben willst, was du noch nicht hattest, musst du etwas tun, was du noch nicht getan hast«, ist ein immer wiederkehrendes Motiv bei ihm. »Wenn du Veränderung willst, schau in den Spiegel.«

Bei manchem, was er über die Brutalität und Bestialität erzählt, die er Tag für Tag erlebt, wird einem regelrecht übel. Aber überzeugend verkündet er den Glauben als Licht in der Dunkelheit. Wie ein Prophet, der den Finger in die Wunde legt, thematisiert er, was falsch läuft bei den Christen – und nimmt sich selbst dabei nicht aus. Dass er sich öffnet, dass er persönlich wird und dass er konkret wird, das macht seine Predigten so spannend. Da kann man ohne Weiteres zwei Stunden zuhören – selbst mit voller Blase! Die Predigten sind biblisch fundiert und übersetzen wunderbar verständlich Gottes Wort ins Heute. Sie sind voll von praktischen Beispielen und eigenen Erfahrungen, sind anschaulich und bringen einen mal zum Lachen, mal zum Weinen. Ich kenne wirklich nicht viele, die das ähnlich bewegend hinkriegen. Einer, der es schafft, ist Piotr Pawlukiewicz, ein polnischer Hochschulseelsorger, der mir auch eine große Inspirationsquelle ist. Wenn er die Frohe Botschaft verkündet, dann hat das Charme und Witz, ist geistreich und immer lebensnah. Ein anderer herausragender Ins-Wort-Bringer ist für mich Dr. Johannes Hartl vom Gebetshaus Augsburg. (Wer das nicht kennt, findet Informationen im Internet unter www.gebetshaus. org.) Der Mann versteht es wirklich, auch heiße Eisen anzupacken. In einer allgemein verständlichen Sprache kann er differenziert verschiedene Perspektiven aufzeigen und dann klar und deutlich seine Meinung äußern – ohne den Respekt davor zu verlieren, dass andere Menschen anderer Meinung sind. Viele Prediger sind sehr seicht, sozusagen allversöhnend, und meiden deswegen schwierige oder kontroverse Themen. Aber manchmal muss man eben auch den Finger in die Wunde legen und den Mund aufmachen zu Fragen, die nicht so »Friede, Freude, Eierkuchen« sind.

Ein guter Prediger braucht deshalb Mut – dafür, auch unbequeme Dinge anzusprechen, und dafür, auch mal persönlich zu werden. Ich denke, wir dürfen als Priester keine Angst haben, auch ganz offen von uns selbst zu sprechen, von unseren Freuden, Hoffnungen und Gotteserfahrungen, aber auch von unseren Zweifeln, Ängsten und Fehlern. Nur wenn wir ehrlich ins Wort bringen, was uns selbst bewegt, können wir glaubwürdig die Frohe Botschaft verkünden. Denn wenn das, was wir predigen, mit unserem Leben zu tun hat, dann hat es auch einen Bezug zum Leben der Menschen. Das habe ich von Bill Wilson gelernt.

So wie dieser Amerikaner meinen Predigtstil beeinflusst hat, so haben ein Niederländer und ein Pole meine Internet-Aktivitäten geprägt. Der Niederländer ist Father Roderick Vonhögen, der »Mediapriester«, wie sein 2013 – leider noch nicht auf Deutsch – erschienenes Buch heißt. Er ist von der Kirche eigens freigestellt für Medienarbeit, hat eine eigene Fernsehsendung, produziert jede Menge Podcasts und YouTube-Videos, ist bei Facebook, Snapchat und Twitter aktiv und hat mit dem »Star Quest Production Network« eine eigene Produktionsfirma gegründet. Außerdem liebt er LEGO, die »Herr der Ringe«-Trilogie, ist begeistert von Computerspielen und der vielleicht größte Star-Wars-Fan des Universums. Father Roderick ist wirklich ziemlich kurios und freaky und bricht mit vielen Erwartungen, aber bei all dem steht er fest auf dem Boden der katholischen Kirche. In seinen Beiträgen – vor allem den Podcasts »The Walk«, die er beim Spazierengehen aufnimmt und in denen er ungeschnitten seine Gedanken mit dem Zuhörer teilt – spricht er sehr offen über das, was ihn bewegt, und macht auch keinen Hehl aus seinen Schwächen. In anderen Beiträgen zeigt sich oft seine kindliche Begeisterung, die einfach ansteckend ist – man schaue sich nur mal das Video an, wie er zum ersten Mal den Trailer von »Star Wars VII – Das Erwachen der Macht« sieht. Neben dieser Bereitschaft, sich ein Stück weit in die Seele blicken zu lassen, schätze ich sein Bestreben, in allem Möglichen Gott zu finden, nicht nur im ins Auge fallenden Religiösen. Father Roderick sucht und findet Gottes Spuren auch da, wo sie zunächst keiner vermutet – ob in einem Computerspiel oder einer Kochsendung. In seiner Art, auf den ersten Blick Unvereinbares miteinander zu vereinbaren, sind wir wirklich so etwas wie »Brüder im Geiste«. Dreimal haben wir uns bisher getroffen, davon zweimal unverabredet: bei der Heiligsprechung von Johannes Paul II. in Rom und auf dem Weltjugendtag in Krakau. Auch krass ... ist ja nicht so, als wären da nicht noch Zehntausende andere unterwegs gewesen. Bei unserem dritten Aufeinandertreffen in Rom drehte Father Roderick gerade die tausendste Folge seiner Podcast-Serie »The Break« (zu finden im Internet unter www.trideo. com) und ich bin mächtig stolz, darin vorzukommen.

Mein anderes großes Vorbild in Sachen Glaubensverkündigung im Internet habe ich leider noch nicht persönlich treffen können: Dominikanerpater Adam Szustak. Dieser Typ ist wirklich der Ober-Hammer: originell, einmalig und inspirierend. Für alle, die mal reinschauen wollen: Er spricht seine YouTube-Beiträge zwar auf Polnisch, aber man kann sich englische Untertitel einblenden lassen (unter www.youtube.com/user/ Langustanapalmie). Auch er bringt alles mit Gott in Verbindung. Auch er spricht ehrlich zum Beispiel über seine Versuchungen. Auch er tut, was er tut, mit einer großen Leidenschaft. Ob er die Psalmen vorliest und bespricht oder Gute-Nacht-Geschichten für Erwachsene erzählt, ob er von seinen Reisen berichtet oder einen täglichen Morgenimpuls gibt, ob er in seiner »Ein-Wort-Sendung« einen Begriff aus dem Griechischen nimmt und erklärt oder Impulse gibt zum Rosenkranzgebet, ob er das Sonntagsevangelium auslegt oder jeden Freitag darüber spricht, was man von einem Pandabären lernen kann – Szustak ist einfach immer unterhaltsam und inspirierend. Ich frage mich wirklich, wie er das schafft. Woher nimmt er all diese Ideen? Und woher die Kraft, bis zu drei Sendungen am Tag zu produzieren? Irgendwann muss ich ihn doch einmal treffen, um ihn das zu fragen.

Ein heilsamer Tritt vors Schienbein
Nun sind auch diese Vorbilder – Piotr Pawlukiewicz, Father Roderick und Adam Szustak – allesamt Mitbrüder. Damit aber nicht der Eindruck entsteht, ich würde nur von »geweihten Häuptern« lernen, will ich eine Geschichte erzählen aus meiner Zeit als Kaplan in Düsseldorf. Ich bekam damals eine Taufanmeldung auf den Tisch, bei der, wie das üblich ist, oben der Name und das Geburtsdatum des Täuflings draufstanden, darunter dann die Namen und Daten der Eltern und ganz unten die Angaben zu den Paten. Und da stand in Klammern hinter dem

Namen des zweiten Taufpaten: »sitzt im Gefängnis«. Ich habe da mindestens zweimal hingeschaut und dachte: »Das kann doch nicht wahr sein.« Ich meine, ein Pate soll doch Vorbild sein, und überhaupt … wie will der aus dem Knast heraus für das Kind da sein? Ich war wirklich drauf und dran, die Mutter des Täuflings anzurufen und sie zu bitten, sich doch besser einen anderen Paten zu suchen. Aber ich musste dann zur Abendmesse und als ich im Gottesdienst das Evangelium vorgelesen habe, war das für mich wie ein Tritt vors Schienbein.

Es war ein Abschnitt aus dem Matthäusevangelium, wo es über das Weltgericht heißt: »Dann wird der König denen auf der rechten Seite sagen: Kommt her, die ihr von meinem Vater gesegnet seid, nehmt das Reich in Besitz, das seit der Erschaffung der Welt für euch bestimmt ist. Denn ich war hungrig und ihr habt mir zu essen gegeben; ich war durstig und ihr habt mir zu trinken gegeben; ich war fremd und obdachlos und ihr habt mich aufgenommen; ich war nackt und ihr habt mir Kleidung gegeben; ich war krank und ihr habt mich besucht; ich war im Gefängnis und ihr seid zu mir gekommen.« (Matthäus 25,34-36) Das hat mich in dem Moment total getroffen, weil ich gemerkt habe: Jesus meint mich! Ich darf den anderen nicht einfach abtun und in eine Schublade stecken, ohne ihn wenigstens mal im Gefängnis besucht und mit ihm gesprochen zu haben.

Gleich am nächsten Tag habe ich einen Termin ausgemacht, um mit dem Häftling reden zu können. An diesem Termin bin ich nach Duisburg gefahren ins Gefängnis, und dort haben wir zwei Stunden miteinander gesprochen. Ich muss sagen: Das war eines der intensivsten und stärksten Gespräche, die ich je hatte, weil dieser Mensch total knochenehrlich war. Der hatte nichts mehr zu verlieren. Der hat mir sein Leben geschildert und was schiefgelaufen ist, dass er jetzt acht Jahre wegen Drogenhandels im Knast sitzt. Zeit, die er für sich genutzt hat, wie er sagte, das erste Mal überhaupt über sein Leben nachzudenken und über die Frage, wo es hingeht. Und er war so dankbar, dass seine Schwester angefragt hatte, ob er Patenonkel werden könne. Dass es jemanden gibt, der an ihn glaubt – nicht nur jetzt, sondern auch in Zukunft –, hat ihm Hoffnung gegeben für sein Leben. »Herr Kaplan«, hat er mich gebeten, »machen Sie mir diese Hoffnung nicht kaputt. Lassen Sie mich zu.« Da konnte ich nicht anders als sagen: »Klar, das kriegen wir hin!«

Ich wollte schon gehen nach dieser Zusage, aber er sagte: »Herr Kaplan, ich habe noch eine Bitte. Wenn ich zur Taufe komme, könnten wir uns dann eine Stunde vorher treffen? Ich würde gerne bei Ihnen beichten.« Da musste ich echt schlucken! Im Gespräch hatte er mir nämlich erzählt, dass er im Jahr zehn Stunden Ausgang hat. Und von diesen zehn Stunden wollte er eine für die Taufe einsetzen und eine für die Beichte. Für meinen ersten Gedanken, dass jemand im Gefängnis kein guter Taufpate sein könne, habe ich mich in dem Moment so geschämt. Patenonkel zu werden war diesem Mann so viel wert, dass er zwei unglaublich kostbare Stunden Freiheit dafür zu geben bereit war. Zwei von zehn Stunden für Gott!

Wir haben es so gemacht. Er hat gebeichtet – die Stunde haben wir übrigens auch gebraucht –, und er ist Taufpate geworden. Und er ist ein sehr guter Patenonkel geworden. Ein besserer als manch einer, der nichts auf dem Kerbholz hat, aber nur auf dem Papier Pate ist. Weshalb ich die Geschichte erzähle: Lernen kann man von jedermann! Man muss nur offen dafür sein, sich eine Lektion erteilen zu lassen. Und falls allen Ernstes jemand ein Problem damit haben sollte, dass ich über einen verurteilten Verbrecher unter der Kapitelüberschrift»Vorbilder« schreibe: Die erste Heiligsprechung überhaupt galt einem Verbrecher. Denn wie heißt es im Lukasevangelium über die Kreuzigung Jesu?»Einer der Verbrecher, die neben ihm hingen, verhöhnte ihn: Bist du denn nicht der Messias? Dann hilf dir selbst und auch uns! Der andere aber wies ihn zurecht und sagte: Nicht einmal du fürchtest Gott? Dich hat doch das gleiche Urteil getroffen. Uns geschieht recht, wir erhalten den Lohn für unsere Taten; dieser aber hat nichts Unrechtes getan. Dann sagte er: Jesus, denk an mich, wenn du in dein Reich kommst. Jesus antwortete ihm: Amen, ich sage dir: Heute noch wirst du mit mir im Paradies sein.« (Lukas 23,39-43)

Und auch andere Heilige haben zeitweise einen alles andere als rühmlichen Lebenswandel geführt. Das ist oft ja gerade das Spannende an ihrem Leben. Aus der großen Schar der Heiligen und Seligen seien zwei, die mir besonders viel bedeuten und die zu meinen großen Vorbildern zählen, exemplarisch herausgegriffen: Franz von Assisi und Charles de Foucauld.

Vom»Playboy« zum»Prayboy«: ein Vorbild aus Assisi
Der heilige Franziskus hat mich schon als Jugendlicher fasziniert, bevor ich mich überhaupt näher mit religiösen Dingen befasst habe. Ich muss so 15, 16 Jahre alt gewesen sein, als ich den Film»Franziskus« gesehen habe, eine Biografie des heiligen Franz von Assisi, dargestellt von Schauspieler Mickey Rourke. Es hat mich total fasziniert, dass dieser Franz als junger Mann das Leben in vollen Zügen genossen hat. Der wusste, wie man Party macht! Der hat gerne mit seinen Kumpels gefeiert und mit dem Geld seines Vaters die Zeche bezahlt. Ritter

wollte er werden und als solcher zu Ruhm und Ehre kommen. Gerne feiern und reich und berühmt werden wollen – da konnte ich als Jugendlicher andocken! Für Franz kam es aber ganz anders als gedacht: Im Krieg wurde er nicht berühmt, sondern kam ins Gefängnis, wo er schwer krank wurde. Erst nach über einem Jahr ließ man ihn gegen ein Lösegeld wieder frei.

Diese Zeit in Gefangenschaft hat etwas in Franz verwandelt. Aus dem »Playboy« wurde ein »Prayboy«. Er erkannte, dass das Leben, das er lebte, nicht das war, was er wirklich wollte. Es folgte eine für ihn schwere Zeit der Unsicherheit, bis er gemerkt hat, dass Gott ihn ruft, das Evangelium zu leben und für andere da zu sein. Beim Gebet in der Kirche San Damiano, etwa im Jahr 1205, sprach der Überlieferung nach Christus vom Kreuz zu ihm: »Franziskus, geh und baue mein Haus wieder auf, das, wie du siehst, ganz und gar in Verfall gerät.« Da ist Franziskus losgezogen und hat um Steine gebettelt für die Sanierung der Kirche. Er hat seinem Vater, der Tuchhändler war, Sachen aus dem Geschäft gestohlen, hat sie verkauft und das Geld dem Priester gegeben. Von manchen wurde er dafür ausgelacht, von seinem Vater sogar verklagt. Bei der Anhörung soll Franziskus sich vor den Augen des Bischofs und der Zuschauer komplett ausgezogen und seinem Vater die Worte an den Kopf geschmissen haben: »Weder Geld noch Kleider will ich von dir, von jetzt an nenne ich nur noch einen Vater, den im Himmel!«

Mit seiner bewussten Entscheidung für die Armut und das Leben nach dem Evangelium hat Franziskus die Menschen fasziniert. Die ganze Schöpfung betrachtete er als Gottes gute Gabe und allen Menschen und auch Tieren begegnete er in Liebe und sanftmütiger Demut. Selbst das fünfte Evangelium zu sein, das war sein Ziel.

Einzelne schlossen sich ihm an, und im Zusammenleben mit diesen Brüdern erkannte er, dass Christus mit seinem Aufruf »Baue mein Haus wieder auf« nicht das Kirchengebäude gemeint hatte, sondern die Kirche als Gemeinschaft in der Nachfolge Jesu. Aus den ersten neun Begleitern wurden in kurzer Zeit 5 000 »Follower« – eine riesige Zahl, wenn man bedenkt, dass Assisi damals um die 2 000 Einwohner hatte – und es entstand der Orden der Franziskaner. Der erste übrigens, in den man unabhängig von gesellschaftlichem Stand und Bildungsgrad eintreten konnte. Einen Orden zu gründen war eigentlich nie Franziskus Absicht gewesen. Er wollte nur eine Gemeinschaft bilden, die nach dem Vorbild Jesu lebt, und wehrte sich mit dem Hinweis »Es gibt das Evangelium, da steht doch alles drin« auch lange gegen die Formulierung einer Regel für das Zusammenleben in dieser Gemeinschaft. Doch auf Drängen des Papstes formulierte er 1221 eine Regel, die 1223 bestätigt wurde. Heute gehören die Minoriten, die Franziskaner und die Kapuziner zu den franziskanischen Orden sowie die Klarissen und eine Vielzahl von Gemeinschaften, in denen Menschen außerhalb der Klausur eines Klosters die franziskanischen Ideale umsetzen. Wahnsinn, was aus diesem jungen Partyhengst aus Assisi geworden ist. Sein Leben ist eine solche Mut-mach-Geschichte, dass ich sie immer und immer wieder hören und erzählen kann.

Franziskus ist das beste Beispiel dafür, dass man nicht mit Heiligenschein geboren sein muss, damit Gott etwas mit einem anfangen kann. Außerdem kann er uns Hoffnung schenken, dass ein Leben sich wandeln und aus einer Krise etwas Gutes erwachsen kann. Gefangenschaft und Krankheit haben ihm eine neue Sicht auf die Dinge und letztlich ein neues Leben geschenkt. Erst durch die Krise hat Franziskus zu seiner Berufung gefunden. Ich denke, dass es im Leben oft so ist, dass das, was einem zunächst als riesiger Verlust erscheint (das Ende einer Beziehung, eine versemmelte Prüfung, der Verlust der Arbeitsstelle …) sich im Nachhinein als großer Gewinn entpuppt, weil daraus etwas Neues entstehen konnte. Allerdings ist mir schon klar, dass man das in der Regel erst im Nachhinein erkennen kann. Wenn man mitten in so einem schwarzen Loch steckt, sieht man ja nicht das strahlende Licht am Ende des Tunnels – das macht die Krise ja gerade aus. Auch Franziskus wird im Gefängnis nicht gedacht haben »Super, das ist meine Chance«, sondern wird Angst gehabt haben, dass er da nicht mehr lebend herauskommt. Aber mir persönlich hilft in schweren Zeiten der Blick auf sein Leben, weil er mir Hoffnung schenkt: Am tiefsten Tiefpunkt kann einem mitunter die Gnade der Wende geschenkt werden, sodass man aus einer Krise stärker hervorgeht denn je. Denn manchmal muss man erst zugrunde gehen, um den Dingen auf den Grund zu gehen.

Auch in der Beharrlichkeit, mit der er versucht hat, den Willen Gottes zu erkennen und umzusetzen, ist Franziskus mir ein Vorbild. Und er macht Mut, dass man dabei auch mal falsch liegen darf. Den Auftrag, das verfallende Haus Christi wieder aufzubauen, hat er ja zunächst missverstanden. Machte aber nix, Gott hat es schon »richtig gedreht«. Unbeirrbar hat Franziskus an dem festgehalten, was er als Gottes Willen erkannt zu haben glaubte. Vom anfänglichen Spott der Leute hat er sich nicht abhalten lassen – und wenige Jahre später wurde er von ihnen als lebender Heiliger, als »zweiter Christus« verehrt. Auch Rückschläge zwischendurch – etwa, als sich die Mitbrüder zerstritten hatten – haben Franziskus nicht vom Weg abgebracht.

Ein Diener Gottes im Verborgenen – treu bis zum bitteren Ende

Diese Beharrlichkeit und Ausdauer zeichnet auch einen anderen Kirchenmann aus, der mir viel bedeutet: der selige Charles de Foucauld. Auch er war als junger Mann alles andere als fromm, hat sogar so viel Zeit in Bordellen verbracht, dass er vorübergehend aus der Armee geworfen wurde. Er bereiste Nordafrika, betrieb Studien, zeichnete Landkarten und veröffentlichte 1884 in Paris das Werk »Forschungsreise durch Marokko«, das ihm viel Ansehen einbrachte. In Nordafrika war Foucauld mit dem Islam in Berührung gekommen und war fasziniert von der Religiosität der Muslime. »Der Islam hat in mir eine große Erschütterung bewirkt«, schrieb er. »Angesichts dieses Glaubens und von Menschen, die in ständiger Gegenwart Gottes leben, ahnte ich, dass es etwas Größeres und Wahreres geben musste jenseits der Geschäftigkeit der Welt.« Diese Ahnung beschäftigt ihn auch in Paris weiter, wo seine Cousine ihn mit einem Priester bekannt macht, der ihn dazu anregt, die Beichte abzulegen. Foucauld beichtet – und danach ist für ihn nichts mehr, wie es war. So tief erfährt er Gottes Nähe und Barmherzigkeit, dass er nichts anderes mehr will, als für diesen Gott zu leben. Er tritt in einen Orden ein, aber selbst die strengen Trappisten sind ihm nicht streng und radikal genug. Er will ganz unten und im Verborgenen Gott dienen. Foucauld wird erst Hausdiener in einem Klarissenkloster in Nazareth und geht später nach seiner Priesterweihe als Einsiedler in die Wüste. Er lebt bei den Tuareg und wird am 1. Dezember 1916 bei einem Raubüberfall erschossen. Erst 17 Jahre später entsteht in Algerien die erste Gemeinschaft nach seinem Vorbild. Inzwischen gibt es elf Ordensgemeinschaften und acht weitere Gemeinschaften, die sich auf Charles de Foucauld berufen.

Als ich im Studium angefangen habe, mich mit diesem Mann zu beschäftigen, hat mir zum einen seine Radikalität imponiert – im Sündigen wie in der Heiligkeit war er extrem – und zum anderen die Treue, mit der er seiner Berufung gefolgt ist, obwohl er zu Lebzeiten überhaupt keine Früchte seiner Christus-Nachfolge sehen durfte. Foucauld hatte die Idee einer neuen geistlichen Familie, die in kleinen Gruppen mitten unter den Menschen leben sollte. Tief erfüllte ihn der Wunsch nach wenigstens einem Gefährten, der sein Werk fortsetzen könnte, doch bis zu seinem Tod blieb er allein. Niemand hat sich ihm angeschlossen, niemanden hat er bekehrt, einen einzigen, soviel ich weiß, getauft. Und trotzdem hat er festgehalten an seiner Liebe zu Gott, weil er Gottes Liebe zu ihm gespürt hat. »Deus caritas est« (»Gott ist die Liebe«) – dieses Wort aus dem ersten Johannesbrief (1 Johannes 4,16b) war sein Motto. Und dieses Wort habe ich mir als Weihespruch für mein gesamtes Priesterleben ausgesucht. Charles de Foucauld hat mich auf die Spur gebracht, dass das für mich die Mitte des Evangeliums, der Kern unserer Frohen Botschaft ist: »Wir wollen einander lieben; denn die Liebe ist aus Gott und jeder, der liebt, stammt von Gott und erkennt Gott. Wer nicht liebt, hat Gott nicht erkannt; denn Gott ist die Liebe [...] und wer in der Liebe bleibt, bleibt in Gott und Gott bleibt in ihm.« (1 Johannes 4,7-8.16b)

Es gäbe noch viel mehr Menschen, die ich in diesem Kapitel anführen könnte als Vorbilder und Inspirationsquellen. Meinen Dogmatik-Professor Karl-Heinz Menke zum Beispiel, der mir mit seinem Buch »Brücken zu Christus« und seiner Gabe, Gefühle und Wahrheiten pointiert ins Wort zu bringen, neue Möglichkeiten des Betens aufgezeigt hat. Oder den seligen Karl Leisner, dessen Biografie »Wie Gold im Feuer geläutert« mir zu der Zeit, als Gott und Glaube für mich wichtig wurden, sehr geholfen hat zu erkennen, dass der Weg des Glaubens letztlich immer auch ein Weg des Ringens ist. Oder Bischof Franz Kamphaus, der mir und anderen Jugendseelsorgern 2014 bei Exerzitien eine starke Lektion in Brüderlichkeit erteilt hat, als er auf seinen Nachfolger in Limburg, Franz-Peter Tebartz-van Elst, angesprochen nur gesagt hat: »Liebe Mitbrüder, ich bin mit ihm im Gespräch.« Wir alle hatten erwartet, er würde sich negativ über »TvE« äußern, aber egal wie sehr wir das provoziert haben: kein böses Wort kam Kamphaus über die Lippen.

Auch von meinem Erzbischof Rainer Maria Woelki habe ich manches gelernt – unter anderem, die Sorgen der Menschen im Blick zu behalten. Nachdem ich ihn einmal gebeten hatte, vor einer Operation für meine Mutter zu beten, hat er bei jeder unserer folgenden Begegnungen mich immer als erstes gefragt: »Wie geht es deiner Mutter?« Und als sie starb, hat er unserer Familie von Berlin aus einen sehr persönlichen Beileidsbrief geschrieben, der mir bis heute viel bedeutet.

Doch nur zu einem der noch nicht genannten Vorbilder möchte ich ausführlicher werden – und zwar so, dass ich ihm ein eigenes Kapitel widme.

Auftritt als Elvis-Imitator bei einer Hochzeitsgesellschaft am 19. September 2014 in Engelskirchen. © privat

Dort, wo alles begann: Auf Elvis' Spuren am 12. August 2012 im legendären Sun Studio in Memphis/Tennessee. © privat

ELVIS PRESLEY

oder: Priester sind auch nur Menschen

....

8

Er war von Anfang an gesetzt. Ohne ihn, das war klar, würde es kein Buch von mir geben: Elvis Presley. (So effektvoll es wäre, an dieser Stelle zu schreiben »The King«, so falsch wäre es. Denn wie Elvis selbst gesagt hat: »I am not the King, Jesus Christ is the King.« (»Ich bin nicht der König, Jesus Christus ist der König.«) Dass Elvis zu mir und meinem Leben dazugehört, ist offensichtlich: Seine Haar-Tolle trage ich, seit ich vierzehn bin, also bald dreißig Jahre. Und wer bei mir in die Wohnung kommt, stolpert alle paar Quadratzentimeter über Elvis: auf Postern, Fotos, Kalendern und Postkarten, auf CDs, Schallplatten, Filmen und Büchern. Als Hampelmann-Figur hängt er an der Klinke meiner Küchentür, als Playmobil-Männchen steht er vor dem Fernseher und als lebensgroßer Pappaufsteller hinter meinem Schreibtisch. Doch Elvis hat nicht allein deshalb ein Kapitel in diesem Buch verdient, weil ich ein Fan von ihm bin, weil er mein Aussehen und meinen Musikgeschmack beeinflusst hat, sondern weil er auch meine Art, Priester zu sein, beeinflusst hat. Weil er mich inspiriert, als Priester stets das Beste zu geben und nie in ein »business as usual« zu verfallen. Außerdem kann man viel von Elvis lernen, was es bedeutet Menschen zu begeistern, Menschen für etwas zu motivieren, sie in Bewegung zu bringen. Und auch darin, sich selbst immer treu zu bleiben, ist Elvis mir ein Vorbild. Er hat sich nicht nach dem gerichtet was gerade »in« war, sondern hat das getan, wovon er selbst überzeugt war. Die Plattenbosse wollten ihm das Einspielen von Gospel-Liedern ausreden – damit sei kein Geld zu verdienen –, doch Elvis war die christliche Musik wichtig, und deshalb hat er sie gemacht. Auch in seinen großen Live-Shows und Konzerten spielten Gospel-Lieder immer eine zentrale Rolle. An den Shows kann man außerdem sehen, dass Elvis sich immer wieder neue Herausforderungen gesucht und sich nie lange auf Erreichtem ausgeruht hat. In den 50er-Jahren war es der Rock'n'Roll, der ihn bekannt gemacht hat und zum Idol werden ließ. In den 60er-Jahren hat er dann Filme gedreht – 27 insgesamt, meist Musikkomödien –, und in den 70er-Jahren hat er die Schauspielerei an den Nagel gehängt, ist auf die Bühne gegangen und hat über 1 000 Konzerte gegeben. Sich in drei Jahrzehnten dreimal neu zu erfinden und dabei in allem erfolgreich zu sein, das imponiert mir enorm, und es macht mir Mut, auch selbst immer wieder Neues zu wagen, wenn ich nach anderen Wegen der Glaubensverkündigung suche. YouTube-Videos zu produzieren, eine CD aufzunehmen, dieses Buch zu schreiben ... ohne Elvis wäre es wohl nie dazu gekommen.

Von Anfang an hat mir an diesem Musiker gefallen, dass er anders war als die anderen. Im Plattenschrank meiner Eltern, den ich so mit elf Jahren zu durchstöbern angefangen habe, hat mich eines seiner Best-of-Alben besonders fasziniert. In dieser Musik steckte etwas Elektrisierendes, die ging mir unter die Haut. Und je mehr Radio ich hörte, je häufiger ich Musiksender wie VIVA und MTV schaute, umso klarer wurde mir, dass dieses Mitreißende in Elvis' Musik etwas Besonderes war. Seine Musik war deutlich vielseitiger als das, was ich damals sonst so hörte, von Madonna bis Modern Talking. Gleichzeitig war seine Stimme einmalig und unverwechselbar – ob er Soul sang oder Rock'n'Roll, Country, Gospel, Balladen oder was auch immer. Auch sein Aussehen war unverwechselbar. Selbst wenn er auf Gruppenfotos in der zweiten Reihe stand, fiel er immer auf mit seiner Haar-Tolle und seiner Kleidung. Ich fand's großartig! Und ich bin sehr froh, in einer Zeit groß geworden zu sein, in der nicht alles per Handy-Kamera festgehalten und im Internet geteilt wurde. Denn meine Versuche, ihm stilistisch nachzueifern und mich als Teenager extravagant zu kleiden, waren abenteuerlichst. Für manches schäme ich mich heute noch.

Vom Elvis-Fan zum Elvis-Imitator

Es war deshalb eine gute Idee, 2004 für meinen Auftritt beim Pfarrkarneval in Leverkusen-Opladen kein

Elvis-Kostüm selbst zu improvisieren, sondern auf ein professionelles Outfit aus einem Kostümverleih zurückzugreifen. Rückblickend war das für mich der erste große Schritt vom Elvis-Fan zum Elvis-Imitator. Zum allerersten Mal vor Publikum einen Elvis-Song gesungen habe ich aber schon 2003 direkt nach der Priesterweihe: Anlässlich meiner Primiz, also der ersten Messe als Neupriester, fand in meiner Heimatgemeinde ein kleiner Empfang im Pfarrheim statt, und irgendwer kam auf die Idee, ich sollte doch etwas von Elvis singen. Zu sehen, dass die Leute positiv reagiert haben, wie sie mitgegangen sind, geklatscht und getanzt haben, hat mir Mut gemacht, im folgenden Jahr das eine mit dem anderen zu verbinden und beim Pfarrkarneval als Elvis verkleidet im goldenen Glitzer-Jackett den »Jailhouse Rock« zum Besten zu geben.

Inzwischen kann ich im eigenen Jumpsuit auftreten, wenn ich Elvis imitiere. Manche mögen darüber lachen, aber ich finde, ein passendes Outfit ist eine Frage der Authentizität. Zu der gehört für mich übrigens auch, dass ich mit 42 Jahren aufhören werde, als Elvis-Imitator aufzutreten, da Elvis selbst nicht älter geworden ist als 42. Bekommen habe ich den weißen Glitzer-Einteiler von einem anderen Elvis-Fan, der ihn sich in den USA besorgt hatte, aber nicht mehr hineinpasste und ihn mir deshalb für ein Drittel des Originalpreises überlassen hat. Passenderweise kurz bevor das ZDF über meine Elvis-Leidenschaft einen Beitrag für »Hallo Deutschland« gedreht hat. Das Kamerateam hat mich dafür begleitet, wie ich mittags in der Kirche ein Paar getraut habe und abends auf ihrer Hochzeitsfeier als Elvis aufgetreten bin. Hüftschwung und Halleluja – das ist in meinen Augen kein Widerspruch. In Einzelfällen bin ich schon mal kritisiert worden, dass die Würde des Priesteramtes durch

»so einen Klamauk« beschädigt würde. Aber in der Regel sind die Leute total positiv überrascht. »Super! Das hätten wir nie von einem Priester erwartet, dass der so etwas macht«, heißt es dann oft. Und ich frage mich: »Warum nicht? Priester sind auch nur Menschen!« Doch wenn ich ehrlich bin, habe ich als junger Mann ja genauso gedacht. Auch in meinem Kopf waren »Priester« und »Rock'n'Roll« nicht überein zu bringen. Ein Stück weit mag es an dem medial vermittelten Bild liegen, dass sich die Vorstellung vom Priester, der völlig auf das Religiös-Sakrale beschränkt ist, so hartnäckig hält. Ein gutes Stück liegt es aber sicher auch an uns Priestern selbst und daran, dass wir genau dieses Bild oft bedienen. Nicht wenigen meiner Kollegen ist es unangenehm, wenn sie außerhalb ihres priesterlichen Dienstes öffentlich wahrgenommen werden. Doch warum, bitteschön, soll ein Priester nicht auch ein Hobby haben und pflegen? Warum soll er nicht morgens die Messe lesen und abends in einer Band E-Gitarre spielen? Warum nicht erst am Altar und dann auf dem Tennisplatz stehen? Meine Erfahrung ist: Ein Hobby ist eine Bereicherung für das eigene Leben und eröffnet darüber hinaus ganz neue Zugänge, den Menschen die Frohe Botschaft zu verkünden. Dabei geht es nicht darum, dass der Priester in der Band dem Publikum fromme Weisen vorspielt oder der Tennisspieler seinem Mitspieler Bibelsprüche um die Ohren haut. Es geht darum, mit Menschen in Kontakt zu kommen – gerade auch mit Menschen, die mit Glauben und Kirche vielleicht nichts (mehr) am Hut haben.

Eine ganz prägende Erfahrung in dieser Hinsicht durfte ich 2012 machen: In unserer Lokalzeitung war ein Beitrag über mich erschienen, dass ich zu Elvis 35. Todestag nach Memphis fahren würde. Als ich von dort zurückkam, rief mich eine Frau an und sagte, sie würde gerne wieder in die Kirche eintreten. Ich habe mich daraufhin mit ihr getroffen, und wir haben uns lange und gut unterhalten. Wie sich herausstellte, dachte sie schon länger über einen Wiedereintritt nach, hatte sich bis dato aber nicht getraut, mit diesem Anliegen irgendwo vorstellig zu werden. Sie hatte Angst, in ein Pfarrbüro zu gehen, weil sie nicht wusste, was sie dort erwarten würde. Würde sie ausgefragt, warum sie überhaupt ausgetreten ist? Oder geprüft? Aber als sie in der Zeitung von meiner Elvis-Leidenschaft gelesen hat, hat sie gedacht: »Das scheint ein ganz lockerer, normaler Typ zu sein – den fragst du jetzt.« Sie hat sich getraut – und ich stand wieder einmal staunend davor, wie Gott wirkt und sich das, was ich tue, für seine Absichten zunutze macht.

Auch in der Gemeinschaft mit anderen Fans habe ich das schon häufiger erfahren. Dass es eine solche Community gibt, ist mir übrigens erst 2012 so richtig bewusst geworden. Ein Mitarbeiter aus der Katholischen Jugendagentur, für die ich zuständig bin, hat mich damals gefragt, ob ich mitkommen wollte zu einer Veranstaltung namens »Elvis in Concert«. Das war eine Kombination von Videoprojektionen seiner Auftritte zusammen mit Live-Musik von ehemaligen Bandmitgliedern, die Elvis in den 70er-Jahren bei seinen Shows begleitet haben. Bei diesem Konzert habe ich zum ersten Mal Leute getroffen, die Elvis nicht nur genauso toll fanden wie ich, sondern sogar noch viel mehr über ihn wussten. Ich hatte wohl auch die eine oder andere Biografie gelesen, aber die Leute da konnten mir Sachen erzählen, die in den Büchern nicht vorkamen. Von ihnen habe ich auch erfahren, dass es in Bad Nauheim, der Stadt, wo Elvis von 1958 bis 1960 als amerikanischer Soldat stationiert war, jährlich um seinen Todestag herum ein europäisches Elvis-Festival stattfindet. Dort habe ich erfahren, dass die deutsche Elvis-Presley-Gesellschaft zu Elvis' 35. Todestag eine Gruppenreise nach Memphis/ Tennessee plante. Ich war noch nie in den USA gewesen, und der Gedanke, dort in Begleitung anderer Fans auf Elvis' Spuren wandeln zu können, war zu verlockend: Ich habe Urlaub eingereicht, nicht aufs Geld geschaut und die Reise gebucht. Von dem, was wir dort gesehen und erlebt haben, will ich gar nicht anfangen zu schwärmen, weil ich dann seitenlang nicht aufhören könnte. Nur so viel: die Tage dort haben mich wirklich völlig geflasht!

Auf Elvis' Spuren: Auszeit ohne Priesterkragen
Um meinen Beruf wusste zunächst keiner der Mitreisenden. Wir waren etwa 30 Leute, und das einzige, was zählte, war, dass wir alle Elvis-Fans waren. Nicht, wie alt wir waren oder wo wir herkamen oder was wir von Beruf waren. Bewusst hatte ich meinen Kollar, den weißen Kragen, an dem man einen Priester erkennen kann, zu Hause gelassen. So gerne ich Priester bin – in Memphis wollte ich Urlaub machen, keine seelsorglichen Gespräche führen. Auch das passt übrigens nicht zum Priesterbild, das viele Menschen haben. In ihren Augen sind wir 24 Stunden am Tag im Einsatz an 365 Tagen im Jahr. Aber das würde niemand auf Dauer durchhalten. Auch ein Priester braucht Pausen, braucht Urlaub, braucht Zeiten und Menschen, bei denen er nicht (in erster Linie) in seinem Amt gesehen wird, sondern unabhängig davon als Person. Ich bin froh, solche Rückzugsorte zu haben, wo ich einfach Norbert sein kann: als Sohn, als Bruder, als Freund. Auch in Memphis war ich einfach Norbert – jedenfalls eine Zeit lang.

Irgendwann kam einer der Mitreisenden nämlich auf mich zu und fragte, ob ich der Pfarrer sei, von dem er in der Zeitung gelesen habe. Er war wohl auf den erwähnten Artikel gestoßen, den die Lokalzeitung vor meiner Abreise gebracht hatte. Nach und nach sprach es sich daraufhin in der Gruppe herum, was ich machte – und die Leute waren total überrascht. Manche wollten es wirklich nicht glauben. Es hatte schon einen gewissen Unterhaltungswert, ihnen beim Entgleisen der Gesichtszüge zuzuschauen. Vor allem, als die Frage »katholisch oder evangelisch?« aufkam und auf meine Antwort hin zwei, drei Leuten »worst case« (schlimmster Fall) sozusagen in blinkenden Lettern auf der Stirn geschrieben stand. Einem evangelischen Pfarrer hätten sie vielleicht noch zugetraut, »einer von ihnen« zu sein, aber einem katholischen? Niemals!

Letztlich hat dieses späte Bekanntwerden meines Berufes aber dazu geführt, dass die Leute keine Scheu hatten, mit religiösen Fragen zu mir zu kommen. Die Menschen hatten mich als Elvis-Fan kennengelernt – und als solcher hatte ich ihre Sympathie und ihr Vertrauen. »Du bist in unserer Welt«, hat mir mal einer gesagt. Ich bin mir sicher: Ein Großteil der Gespräche, die ich im Nachhinein mit Mitreisenden hatte, wäre nie zustande gekommen, hätten sie von vorneherein gewusst, dass ich Priester bin. Dazu hatte ein Teil der Gruppe viel zu große Vorbehalte gegenüber meinem Berufsstand.

Als katholischer Priester bin ich in der Elvis-Fan-Gemeinde ein absoluter Exot, denn viele Elvis-Fans haben mit Kirche überhaupt nichts am Hut. Umso dankbarer sind deshalb manche, wenn sie mit religiösen Fragen zu mir kommen können. Oft geht es dabei zunächst um Elvis' Spiritualität. Wenn man sich intensiv mit diesem Menschen beschäftigt, kommt man um das Thema Religion eigentlich gar nicht herum. Elvis hat nicht nur seine ersten musikalischen Erfahrungen im Kirchenchor gesammelt und einen Onkel gehabt, der Methodisten-Pfarrer war, er hat auch vier Gospel-Platten aufgenommen, hat viele spirituelle Bücher gelesen und sich sehr intensiv mit der Bibel beschäftigt. Da finde ich, wenn ich möchte, immer eine Andockstelle, indem ich sage: »Wenn ihm die Heilige Schrift so wichtig war, dann schau doch auch mal rein.«

In einem zweiten Schritt ergeben sich dann nicht selten auch seelsorgliche Gespräche, die mit Elvis nichts mehr zu tun haben. Da geht es dann um ganz persönliche Erfahrungen, um Glauben und Zweifel, um Hoffnung, um Trauer, um Beziehungen, kurz: um Gott und die Welt. Manchmal muss ich auch zum Mahner werden, wenn jemand Elvis so sehr verehrt, dass er ihn zu einem Götzen erhebt. Aber diese Gefahr besteht nicht nur bei einem Musik-Idol. Wann immer jemand eine Sache oder einen anderen Menschen – vielleicht den Partner oder sein Kind – an die erste Stelle stellt, läuft er Gefahr, gegen das Gebot »Du sollst neben mir keine anderen Götter haben« zu verstoßen.

Wo Kirche hingehört: mitten unter die Menschen

Für diese Chance, Menschen zu erreichen, die von sich aus nie auf die Idee kämen, mit einem Priester oder einem anderen Geistlichen zu sprechen, bin ich sehr dankbar. Ich kann jeden Mitbruder nur ermuntern, außerhalb des kirchlichen »Dunstkreises« seine Hobbys zu pflegen, denn so können wir da sein, wo wir hingehören: mitten unter den Menschen. Dabei geht es nicht darum, mit wehenden Fahnen zu missionieren, sondern an den »Du bist in unserer Welt«-Punkt zu kommen und als Ansprechpartner da zu sein, wo man gefragt wird. Seit der Memphis-Fahrt und anderen Erfahrungen in der Welt der Elvis-Fans überlege ich dabei noch genauer als früher, zu welchen Gelegenheiten ich mich direkt als

Priester zu erkennen gebe und zu welchen nicht. Die Frage »Römerkragen oder nicht« ist mehr als ein Abgrenzen von Dienst und Freizeit. Es ist eine Frage, wie ich meinem Gegenüber am besten begegne, damit wir offen miteinander reden können. Der Priesterkragen kann den Weg zum anderen ebnen oder versperren. Bei manchen Menschen fällt die Klappe, wenn sie ihn sehen, bei anderen öffnet er Tür und Tor, weil sie einem Priester per se einen Vertrauensvorschuss entgegenbringen.

Ich denke da zum Beispiel an eine ältere Dame, die mich im MDR-Fernsehen gesehen hat. In der Reihe »Außenseiter – Spitzenreiter« hat der Sender mal über meine Elvis-Leidenschaft als Priester berichtet. Die Dame hat den Beitrag gesehen und mir daraufhin ein Original-Autogramm von Elvis geschickt, das ihr Vater 1959 von ihm persönlich in Bad Nauheim bekommen hat. »Ich hoffe, nein, ich weiß, es ist bei Ihnen gut aufgehoben«, schrieb sie mir. – Was für ein Geschenk, dass einem jemand Wildfremdes ein solches Vertrauen entgegenbringt. Ohne die Fernsehsendung aber wäre der Kontakt zu dieser Frau wahrscheinlich nie zustande gekommen. Genauso wie erst durch den Artikel in der Lokalzeitung der Kontakt zu der Frau zustande gekommen ist, die wieder in die Kirche eintreten wollte. Die Medien – ob Print oder Hörfunk, Fernsehen oder Online-Medien – sind eine riesige Chance für Gott, Fäden zu knüpfen zwischen den Menschen, und deshalb sind sie auch eine hervorragende »Sämaschine« für Priester. Aber darum soll es im nächsten Kapitel gehen.

Beim Dreh zu einem Video des Projekts www.meinetraukirche.de am 22. Juni 2016 an den Liebesschlössern der Kölner Hohenzollernbrücke. © privat

Szene aus dem YouTube-Video zum Poetry Slam »Neun Früchte«, das am 29. Mai 2016 in Straberg entstanden ist. © privat

PAULUS

9

oder: Keine Angst vor großen Sämaschinen

....

»Mit Wein, Leib und Gesang« fing alles an. So hieß nämlich der Fernsehbeitrag über zwei Seminaristen im Priesterseminar, den der WDR 2003 gesendet hat. In den »Hauptrollen«: Ralf Roeb und Norbert Fink. Wir zwei waren die einzigen aus unserem Jahrgang, die nichts dagegen hatten, vor der Priesterweihe Interviews zu geben und uns drei Tage lang in der Ausbildung von Kameras begleiten zu lassen. Für mich war das etwas völlig Neues.

Ich fand es spannend und habe ohne große Hinterge-
danken »Ja« gesagt – weder dachte ich an die Chance, so
Werbung für den Priesterberuf machen zu können, noch
hatte ich Bedenken, als »frommer Spinner« bloßgestellt
zu werden. Ich war einfach neugierig, das auszuprobieren. Als das Fernsehteam anrückte, war ich dann doch
ein bisschen nervös, aber ich habe mir gesagt: »Du musst
nur du selbst sein. Rede so, wie du auch sonst redest.
Verhalte dich so, wie du es auch sonst tust. Was soll dann
passieren?«

Ob wir Gesangsunterricht hatten, liturgische Übun-
gen gemacht haben (zum Beispiel, wie Kelch und Hosti-
enschale bei der Wandlung zu halten sind) oder abends
noch eine Runde im Schwimmbad des Priesterseminars
drehten – die Kameras waren dabei. Auch die Interviews
wurden gefilmt, in denen wir sagen sollten, was es uns
bedeutet, Priester zu werden, wie wir dazu gekommen
sind, wie wir mit dem Zölibat umgehen und ... und ...
und. Am Ende entstand so die 15-minütige Dokumen-
tation »Mit Wein, Leib und Gesang«. Eine Vorab-Ver-
sion davon haben wir nie zu Gesicht bekommen, sodass
wir am Tag der Ausstrahlung gespannt wie Flitzebogen
vorm Fernseher saßen. Gesehen haben wir einen inter-
essanten, ehrlichen, aufschlussreichen, gut gemachten
Beitrag, auf den wir nur positive Rückmeldungen bekommen haben. Sogar die Leitung des Priesterseminars
war ganz angetan und hat den Film später ab und zu in
der Ausbildung eingesetzt: für mich eine tolle Erfahrung
und Ermutigung, keine Scheu vor den Medien und keine
Angst vor Kameras zu haben.

Erst durch die Reaktionen derer, die den Beitrag gesehen haben, ist mir klar geworden, dass wir damit auch
ein Stück »Aufklärungsarbeit« geleistet haben. Das Priesterseminar ist für viele Außenstehende ja eine Welt für

sich – mit hohen Mauern drumherum. (Mit Freude sehe ich, wie sich inzwischen Mitbrüder dafür einsetzen, das zu ändern.) Mit dem Film im WDR haben wir Einblick in diese Welt gegeben und den Zuschauern vor Augen geführt, dass man nicht einfach irgendwann Priester ist, sondern Schritt für Schritt Priester wird. Dass die Kandidaten im Seminar Lernende sind und dass sie auch dann noch nicht alles können, wenn sie als Praktikanten in die Gemeinde kommen. Allein dafür hat sich das Abenteuer »Mit Wein, Leib und Gesang« gelohnt. Sollte jemand nach dem Beitrag gedacht haben, »Wow, das ist etwas Schönes, Priester zu werden. Das könnte auch etwas für mich sein«, wäre das natürlich das Tüpfelchen auf dem i.

Aber das ist ja gerade das Spannende an der Arbeit mit Medien: Wen und was man damit erreicht, erfährt man meist gar nicht. Wenn ich vor einer Kamera stehe oder vor einem Mikrofon sitze, denke ich manchmal: »Wer weiß, wer das alles sehen oder hören wird und was das in seinem Leben bewirkt.« Es ist wie in dem Gleichnis vom Sämann, das Jesus seinen Jüngern erzählt und von dem im Katzenberger-Kapitel schon die Rede war. Ein Teil der Körner fällt auf den Weg und wird zertreten. Ein Teil fällt auf Felsen und verdorrt. Ein Teil wird von Dornen überwuchert. Und ein Teil schließlich fällt auf guten Boden, geht auf und bringt reiche Frucht. Radio, Fernsehen & Co. sind für mich so etwas wie riesige Sämaschinen – und als solche ein tolles Mittel der Glaubensverkündigung. Eines, das wir als Kirche viel zu wenig nutzen.

Das Fernsehen als goldener Präsentierteller
Ich weiß noch genau, dass ich von manchen Menschen gewarnt worden bin, als RTL II anfragte, ob sie für ihre

Nachrichtensendung meine Pilgergruppe beim Weltjugendtag 2013 in Rio de Janeiro filmen dürften. »Wer weiß, was die dann bringen?«, hieß es. »Die wollen deine Jugendlichen doch nur im Bikini und in der Badehose am Strand filmen.« Aber ich dachte: Wow, der Weltjugendtag in den Hauptnachrichten bei RTL II, das ist doch eine tolle Chance – schließlich ist der Sender nicht gerade dafür bekannt, besonders kirchennah zu sein. Und es liegt doch an uns, was wir denen zeigen. Tatsächlich haben uns die Fernsehleute des Senders fast einen ganzen Tag in Rio begleitet. Sie haben gefilmt, wie wir uns auf die Begegnung mit dem Papst vorbereitet haben, wie wir zur Copacabana gezogen sind und wie Franziskus dort an uns vorbeigefahren ist. Am Ende war in den Nachrichten ganz viel Lebens- und Glaubensfreude zu sehen, ist der Papst gut weggekommen und deutlich geworden, dass er bei der Jugend gut ankommt. Was will ich denn mehr? Und so war es immer: Ob RTL II über den Weltjugendtag berichtet hat, der WDR einen Beitrag gedreht hat über meine Fahrt mit Jugendlichen nach Rom zum Abschied von Papst Benedikt oder der NDR dabei war, als ich mit einer Gruppe die Ostertage in Jerusalem verbracht habe, meine Erfahrungen zeigen: Wenn sich dir so eine Chance bietet, nimm sie wahr. Das Fernsehen ist doch ein goldener Präsentierteller, um das weiterzugeben, was dir wichtig ist. Und wenn man Journalisten freundlich und vertrauensvoll begegnet, dann bekommt man auch genau das zurück. Wohlgemerkt: Ich sage nicht, dass man naiv sein sollte. Es macht schon Sinn, sich im Vorhinein zu überlegen, was man möchte und Absprachen zu treffen, was geht und was nicht geht. Nicht aus Misstrauen – das vergiftet die Atmosphäre und steht einem Christen eh nicht gut –, sondern um der Sache wegen. Im Grunde aber gilt: Hab keine Angst, hab Vertrauen, sei du selbst, und was du gibst, bekommst du auch zurück.

Wenn ich von einer Sache überzeugt bin, möchte ich doch, dass möglichst viele Menschen davon erfahren! Oder um es biblisch zu sagen: »Man zündet auch nicht ein Licht an und stülpt ein Gefäß darüber, sondern man stellt es auf den Leuchter; dann leuchtet es allen im Haus.« (Matthäus 5,15) Warum aber stellen dann zum Beispiel so wenige Mitbrüder ihre Predigten ins Internet? Schließlich geben wir uns damit viel Mühe, und dann möchte ich doch auch, dass möglichst viele Menschen das Ergebnis hören. Wer seine Predigten ausformuliert, kann einfach die Texte ins Netz stellen, und wer frei spricht, kann sie mit jedem x-beliebigen Smartphone in der Messe aufnehmen und dann hochladen. Dafür braucht man weder ein tiefgreifendes technisches Verständnis, noch ist es ein großer Aufwand. Vielleicht haben manche Kollegen Angst, durch das Internet die Kontrolle darüber zu verlieren, was andere mit den Texten oder Aufnahmen machen? Oder es ist ihnen unangenehm, das, was sie sagen, nachlesbar oder -hörbar zu machen, weil sie dadurch angreifbar werden?

Natürlich kann es sein, dass man für seine Worte kritisiert wird – und wer bekommt schon gerne Kritik? Ich glaube manchmal, dass wir Priester durch die Ehelosigkeit besonders empfindlich sind in der Hinsicht, einfach weil wir es nicht gewohnt sind, ein ständiges Korrektiv zu haben. Umso wichtiger sind dann Freunde, die einem ehrlich die Meinung sagen. Aber Kritik kann ja auch konstruktiv sein und einen weiterbringen. Ich versuche immer, damit so umzugehen, dass sie mich nicht runterzieht, sondern dass ich sie als Chance begreife zur Verbesserung. Und umgekehrt kann man ja auch Bestätigung erfahren durch den Schritt, seine Arbeit im Internet zugänglich zu machen. Folgender Chatverlauf auf meinem Facebook-Account mag als Beispiel dienen: »Wie kann ich deinen YouTube-Kanal abonnieren?« »Einfach auf den Kanal gehen und auf den Button ›abonnieren‹ drücken.« »Okay, danke dir. Mache ich. Habe bis dato noch nie einen Kanal abonniert. Ist Premiere, bist der erste dann.« »Danke. Fühle mich geehrt.« »Ich habe zu danken. Du gibst mir meinen Glauben zurück, den ich auf meinem Lebensweg irgendwie irgendwo irgendwann vergessen habe.«

Rückmeldungen dieser Art bekomme ich immer wieder, und es erfüllt mich mit tiefer Freude und Dankbarkeit. Manchmal bin ich selbst völlig geplättet davon, wie Menschen auf das, was ich tue oder veröffentliche, reagieren. Überrascht war ich zum Beispiel, was mein Facebook-Post über das Roxette-Lied »It just happens« bei einer Frau aus meiner Gemeinde ausgelöst hat. Ich hatte geschrieben: »Ein starkes Video mit einer starken Botschaft: Roxette's neuer Song ›It just happens‹. Die Liebe ist die stärkste Kraft des Universums, denn die Liebe findet immer einen Weg aus jeder Ausweglosigkeit und jeder Unversöhntheit. Gott ist die Liebe, aber seht selbst, wie Roxette das zeigten.« Daraufhin schrieb mir die Frau, dass sie schon als Teenager riesiger Roxette-Fan war und die Musik für sie ein Segen gewesen sei. Verschiedene Umstände hätten ihr Leben schwer gemacht, aber in der Kirche habe sie sehr viel Trost gefunden. »Dort war ich aufgehoben«, schrieb die Frau. Bis ein Priester, bei dem sie im Bibelkreis war, sich derbe über ihre Roxette-Leidenschaft lustig gemacht habe. »Mir standen Tränen in den Augen, und ich habe ihn immer wieder gebeten aufzuhören, doch er fand das sehr lustig«, berichtete sie. Sie sei sehr labil zu der Zeit gewesen, und Roxette hätte ihr alles bedeutet. »Als ich deinen Post zu ›It just happens‹ auf Facebook gesehen habe, konnte ich es erst nicht glauben«, schrieb sie. »Du hast in dem Moment alles repariert, was der andere Priester damals zerstört hat.«

»Sämaschine« Internet

Ich will das jetzt nicht überbewerten, aber in solchen Momenten erlebe ich staunend Gottes Wirken. Da sehe ich, wie ein Samen bei jemandem aufgeht, an den ich beim Aussäen überhaupt nicht gedacht habe. Das Internet gibt mir die Möglichkeit, mit meinen Predigten und Impulsen viel mehr Menschen zu erreichen als die, die sonntags in die Kirche kommen. Menschen, die anderswo wohnen, und auch Menschen, die sonst wenig oder nichts mit Kirche am Hut haben. Dieser Schritt raus aus dem Gewohnten und Vertrauten mag manchen Mitbrüdern Angst machen. In der Sonntagsmesse haben wir schließlich ein »Heimspiel«, da kennen wir unsere Zuhörer und wissen, dass sie uns und unserer Botschaft (in der Regel) wohlgesonnen sind. Aber das Ausbrechen aus dem Vertrauten, das Rausgehen in die Ungewissheit, das ist doch genau unser Auftrag als Christen: »Geht! Ich sende euch wie Schafe mitten unter die Wölfe.« (Lukas 10,3) Und das kann so bereichernd sein! Ich habe die Erfahrung gemacht, dass es einem selbst unheimlich viel bringt, wenn man sich mit Andersdenkenden darüber austauscht, was einen trägt und bewegt, was einem Freude schenkt oder einen ratlos macht. Dieses kommunikative Geben und Nehmen, das ist für mich auch einer der ganz großen Vorteile des Internets und speziell von Facebook.

Ich weiß noch, wie ich 2007 Kreisjugendseelsorger geworden bin und dachte: Du brauchst eine Plattform, über die du die Jugendlichen erreichen kannst. Der

Schaukasten an der Kirche half mir da nicht weiter – zum Oberbergischen Kreis gehören 96 Kirchen! Zunächst habe ich deswegen auf den Rat eines Mitarbeiters der Katholischen Jugendagentur hin einen Blog angelegt (was damals gerade sehr angesagt war) und dort Veranstaltungen angekündigt, Bilder und Impulse eingestellt, von Gottesdiensten berichtet und von Fahrten. Das kann man heute noch im Internet sehen unter www.norbertfink.blogspot.com. Vier Jahre habe ich diesen Blog gepflegt, ehe ich solche Inhalte komplett auf Facebook verlagert habe. Dieses Netzwerk hat gegenüber dem Blog den Vorteil, dass man nicht gezielt meine Seite aufrufen muss, sondern als Freund ab und zu über neue Beiträge von mir informiert wird. Dabei bekommt man umso häufiger neue Sachen angezeigt, je stärker man mit jemandem interagiert, also je häufiger man das Profil des anderen besucht, sich schreibt, gegenseitig Beiträge kommentiert etc. Unabhängig davon kann man ein Profil abonnieren und bekommt dann automatisch alles, was der- oder diejenige postet, bei sich als Neuigkeit angezeigt. Vielfältiger als beim Blog sind außerdem die Möglichkeiten, auf einen Beitrag zu reagieren. Man kann ein simples »Gefällt mir« schicken oder es mit einem Symbol verbinden, das »Wow« ausdrückt oder »Love«, das zeigt, dass man etwas lustig findet oder traurig oder dass es einen wütend macht. Darüber hinaus kann man einen Beitrag kommentieren, und man kann ihn teilen, indem man ihn in die eigene Chronik setzt oder an Freunde verschickt.

Für mich ist Facebook ein geniales Medium, um mit Menschen in Kontakt zu treten und mit ihnen in Beziehung zu bleiben. Ich kann darüber Anteil nehmen an ihrem Leben und ihnen Anteil geben an meinem – unabhängig davon, wie viele Kilometer uns räumlich trennen. Nach und nach ist meine Freundesliste auf über 3 300 Personen angewachsen, von denen mehr als 1 060 mein Profil auch abonniert haben. Merklich gestiegen ist diese Zahl übrigens nach der Übertragung der Hochzeit von Daniela Katzenberger und Lucas Cordalis. Das freut mich insofern, als viele der Katzenberger-Fans jetzt über meinen Facebook-Account mit religiösen Inhalten konfrontiert werden, die sonst wahrscheinlich eher nicht in ihrem Leben vorkämen. Bei mir ist es so, dass mich Beiträge anderer oft inspirieren. Aus Fotos oder Videos, die ich bei anderen sehe oder die mir gezielt geschickt werden, ziehe ich Anregungen für meine eigene Arbeit. Mit dem Einstellen von Predigten habe ich zum Beispiel angefangen, nachdem ich das bei unserem ehemaligen Diözesanjugendseelsorger Mike Kolb gesehen hatte.

Sicherlich hat Facebook auch seine negativen Seiten, aber wie bei so vielem ist es das, was man daraus macht. Ja, es gibt Mobbing in diesem Netzwerk, aber wer mobbt, fliegt umgehend raus aus meiner Freundesliste. Genauso wie jemand, der Hass-Postings verbreitet. Doch ebenso gut kann man über diese Plattform Liebe verbreiten – und was wirklich wahrhaftig ist und von Herzen kommt, geht auch zu Herzen, so meine Erfahrung. Sehr deutlich bewusst geworden ist mir das zum Beispiel anhand der Reaktionen auf einen Facebook-Post, den ich verfasst habe, nachdem ich vom plötzlichen Tod eines Bekannten erfahren hatte. Das war am 14. August 2016, und ich habe morgens geschrieben: »Guten Morgen, meine Freunde, das hier ist ein kleiner Weckruf: Wollte euch einfach nur mal schreiben, dass ich euch lieb habe und mit jedem von euch befreundet bin, weil ich es sein will! Das kann man wohl nie genug sagen! Gestern hat mein Bruder mir eine Nachricht geschickt, dass ein Bekannter plötzlich mit 55 Jahren verstorben ist, von seinem

Sohn tot auf der Toilette gefunden. Einfach so gestorben, ohne Vorwarnung, ohne Anzeichen von Erkrankung. Das hat mich getroffen und nachdenklich gemacht und ich dachte, dass unser Leben wirklich so zerbrechlich ist ... dass es nicht selbstverständlich ist, jeden Morgen aufzuwachen und gesund zu sein und das Leben und all seine Lieben zu haben! Ihr seid meine Lieben, ihr seid meine Freunde!!! Mein Leben ist ein Geschenk und euer Leben auch! Vergessen wir das nicht ... leben wir es als Geschenk und machen das Beste daraus. Verschwenden wir es nicht an Dinge, die keinen Sinn haben, die keinem was nutzen. Verschwenden wir unser Leben und unsere Kräfte im Sich-Verschenken und -Geben, im Lieben, Verzeihen, Das-Gute-Suchen, Das-Beste-für-den-anderen-Suchen ... die verrückte Welt um uns herum aus der Kraft Gottes etwas besser zu machen. Dafür lohnt es sich, alle Kräfte und Mühe einzusetzen, dafür lohnt es sich zu leben, dafür lohnt es sich, jeden Morgen aufzustehen. Alles andere ist Staub!!! Wer Ohren hat, der höre! Nun gut, meine lieben Freunde; Gott segne jeden von euch ... und so ER will, hören wir bald wieder voneinander oder sehen uns wieder!!! Küsst eure Lieben, nehmt sie in den Arm und sagt oder schreibt ihnen, dass ihr sie lieb habt und warum ihr sie lieb habt. Euer Freund und Bruder, Norbert«

Innerhalb weniger Stunden hatte der Beitrag über 300 Likes und 50 Kommentare. Mir ist schon klar, dass das wenig ist, verglichen mit dem mehr als Zehnfachen an Reaktionen, die Daniela Katzenberger bekommt, wenn sie nur ein Foto von einer Pfanne mit Frikadellen postet, aber nicht allein die Menge der Klicks ist für mich ausschlaggebend, sondern das, was man beim anderen bewegt. Und auf meinen Guten-Morgen-Gruß hin habe ich so rührende Rückmeldungen bekommen, dass ich noch am selben Abend geschrieben habe: »Meine lieben Freunde, es überwältigt mich zu sehen, welche Reaktionen mein Weckruf heute Morgen bei euch ausgelöst hat. Ich glaube, wir sagen und zeigen uns viel zu wenig, wie sehr wir einander brauchen und was wir füreinander empfinden. Wir sehen schnell zuerst das Negative beim anderen und haben es verlernt, auch das Gute zu sehen, das im Herzen eines jeden Menschen wohnt. Wir sind schnell dabei zu kritisieren, aber schleppend darin, Danke zu sagen. Dabei dürsten wir doch alle danach, dass uns von jemandem ein gutes Wort zugesagt wird und dass da jemand ist, der uns einfach mal in den Arm nimmt und sagt: ›Ich bin bei dir‹, oder ›Alles wird gut, hab keine Angst!‹ Darum sage ich: Habt Mut, Gefühle zu zeigen, habt Mut, Danke, Bitte oder Verzeih mir zu sagen, habt Mut, euch verletzlich zu machen, habt Mut, andere zu ermutigen, habt Mut zu lieben!«

Emotionen statt Emoticons: Realität geht vor

Manche kritisieren, dass Kommunikation und Beziehungen durch Facebook oberflächlicher würden, und in gewisser Weise stimmt das sogar, denn je mehr Freundschaften ich dort pflege, umso weniger Zeit bleibt für den Einzelnen. Aber Facebook ist für mich ja nicht das einzige Medium der Beziehungspflege. Manche Freundschaften bestehen völlig unabhängig davon, und bei anderen ergänzt der virtuelle Kontakt den realen. Wenn ich zum Beispiel durch einen Post erfahre, dass es jemandem gerade nicht gut geht, dann kann ich das zum Anlass nehmen, ihn mal wieder zu besuchen. Denn es steht völlig außer Frage, dass ein »Das macht mich traurig«-Emoticon eine echte Umarmung nie im Leben ersetzen kann. Das gilt im Übrigen nicht nur für Facebook, sondern zum Beispiel auch für WhatsApp, das gerade bei den Jüngeren noch viel verbreiteter ist. Sich gegenüberzusitzen und beim Reden einander in die Augen sehen zu können, ist durch nichts zu ersetzen! Trotzdem behaupte ich, dass die Kirche im Internet noch viel stärker präsent sein sollte. Gut vertreten sind wir im informativen Bereich: Nahezu jede Gemeinde hat eine eigene Homepage, die mehr oder weniger aktuell und mehr oder weniger ansprechend darüber informiert, wer wofür zuständig ist, wann und wo Gottesdienst gefeiert wird etc. Solche Seiten haben auch alle Bistümer und viele kirchliche Verbände. Aber es fehlt an Innovativem! Wir müssten eigentlich etwas haben, was andere nicht haben. Super fand ich zum Beispiel, dass die Gemeinde in Krakau, in der ich beim Weltjugendtag gewohnt habe, all ihre Gottesdienste per Livestream im Internet überträgt. So können auch alle daran Anteil nehmen, die nicht in die Kirche kommen können. Würde man das in Deutschland machen wollen, gäbe es garantiert in Nullkommanix eine ganze Horde von Bedenkenträgern, ob man nicht das schriftliche Einverständnis aller Gottesdienstbesucher dafür bräuchte und ob das die Menschen nicht dazu verleiten würde, sich den Gottesdienst lieber mit der Kaffeetasse in der Hand nebenher im Internet anzuschauen, als in die Kirche zu gehen. Ich sage: Nicht, wenn der Gottesdienst gut ist, wenn er Lust macht, das selbst zu erleben. Es müsste sein wie bei einem Konzert: Es ist kein Vergleich, ob ich die DVD eines Live-Auftritts sehe, oder ob ich selbst im Stadion bin, in der Menschenmenge stehe, mitsinge, die Bühnenshow erlebe, mit allen Sinnen unmittelbar dabei bin. So sollte im Idealfall ein Gottesdienst sein: dass ich unbedingt mit allen Sinnen dabei sein möchte. Die Orgel hören, den Weihrauch riechen, die Kommunion empfangen, meinem Banknachbarn die Hand geben und die Gemeinschaft erleben ...

Der Vorteil am Internet ist, dass es einen niederschwelligen Zugang bietet. Ich kann erst einmal anonym bleiben, wenn ich mir etwas ansehe, kann selbst entscheiden, wie tief ich einsteige und wie lange ich etwas nutze. Noch einmal: Die virtuelle Welt kann und darf die reale nie ersetzen, und wo hier eine Gefahr besteht, ist es unsere Aufgabe als Christen, dem entschieden entgegenzutreten. Aber ich bin mir sicher: Würde der Apostel Paulus in der heutigen Zeit leben, hätte er einen Facebook-Account! Damit will ich nicht sagen, jeder Priester müsste einen haben. Genauso wenig, wie sich jeder vor eine Fernsehkamera stellen oder YouTube-Videos drehen muss. Ich zum Beispiel habe mit Kurznachrichtendiensten wie Twitter nichts am Hut, nutze weder Snapchat noch Instagram. Was ich mir wünsche, ist, dass jeder das macht, was ihm liegt – und dabei nicht ängstlich ist, Neues auszuprobieren.

So habe ich mich etwa auf der Suche nach einer »Sämaschine« für meine Botschaft von religiösen Motiven in Filmen ans Radio gewandt. Meine Sendung »CinemaClub« bei Radio Horeb gäbe es nicht, wenn ich nicht eine Redakteurin dort angeschrieben hätte, dass ich mich viel mit dem Thema »Film und Religion« beschäftige und mir vorstellen könnte, in ihrer Jugendsendung »Spurensuche« mal davon zu berichten. Ich habe ihr ein paar Artikel geschickt, die ich über einzelne Filme in der Kirchenzeitung für das Erzbistum Köln geschrieben hatte, sowie einige Beiträge aus unserem Pfarrbrief und habe sie gefragt: Wäre das etwas für euch? Einfach, weil mir das Thema sehr am Herzen liegt und ich damit so viele Menschen wie möglich erreichen möchte. Radio Horeb fand die Idee gut, und seitdem machen wir einmal im Monat eine Spurensuche-Sendung über religiöse Dimensionen in Kinofilmen. Manchmal geht es um einzelne Filme – von »Star Wars« bis »Wie im Himmel« –, manchmal aber auch um spezielle Themen, die sich in verschiedenen Filmen wiederfinden. Ich habe schon über »Gebet im Film« gesprochen oder über »Liebe als Ersatzreligion«, über »Apokalypse im Film« oder »Messiasgestalten von Superman bis James Bond«. Nachzuhören sind diese Sendungen auf der Internetseite von Radio Horeb (www.horeb.org) unter der Rubrik Jugend, Podcast.

Die einzelnen Sendungen vorzubereiten bedeutet viel Arbeit für mich. In der Regel geht ein ganzer freier Tag dafür drauf. Aber ich mache es gerne – zum einen, wenn ich an die vielen Hörer pro Sendung denke, die dadurch erfahren, was für eine Bereicherung Filme für das eigene (Glaubens-)Leben darstellen können, zum anderen, weil es für mich persönlich ein Gewinn ist. Ich muss in der Vorbereitung Glaubensfragen gründlich reflektieren und mich mit dem theologischen Fundament befassen. Und gerade für dieses theologische Arbeiten bleibt ja im Alltag oft kaum Zeit. So aber bin ich gezwungen, auf dem Laufenden zu bleiben in Sachen Theologie und nicht auf dem Stand meines Studiums stehen zu bleiben. Besonders reizvoll ist für mich am »CinemaClub« bei Radio Horeb außerdem, dass die Sendung interaktiv ist. Die Hörer können anrufen und Fragen stellen, die ich live beantworte. Das ist spannend, weil man nie weiß, was auf einen zukommt, und schön, weil man direkt ein Feedback bekommt zu dem, was man erarbeitet hat.

Dass es diese Sendungen gibt, hat irgendwann jemand mitbekommen, der beim Radiosender RPR1 arbeitet und der mir daraufhin angeboten hat, in unregelmäßigen Abständen als »Filmpfarrer« dort neu anlaufende Kinofilme mit Blick auf ihre religiösen Aspekte vorzustellen. In einem völlig säkularen Sender wohlgemerkt!

Ich habe dort schon Interviews gegeben zu Filmen wie »Auferstanden« oder »Der junge Messias«, in denen die religiösen Bezüge auf der Hand liegen, aber zum Beispiel auch zu »James Bond – Spectre« oder »Guardians of the Galaxy«. Weshalb ich es so spannend finde, Kinofilme mit einer »religiösen Brille« zu schauen, davon will ich im nächsten Kapitel berichten.

Mit Chris Eggermann beim ökumenischen Filmgottesdienst am 27. November 2016 in Bergneustadt. © privat

In der »Linse« des Burgtheater-Kinos in Gummersbach am 4. Februar 2017. © privat

MR. KEATING
oder: Wenn Gott dir im Kino begegnet

....

10

Selten so gelacht wie bei »Ziemlich beste Freunde«? Selten so nachdenklich gewesen wie bei »Schindlers Liste«? Selten so geheult wie bei »Titanic«? Selten so viel Angst gehabt wie bei »The Sixth Sense«? Kein Wunder! Filme bewegen uns – unser Herz und unseren Verstand. Wenn wir uns darauf einlassen, können sie uns mitnehmen in eine andere Zeit, in eine andere Welt, in ein anderes Leben. Nach dem Abspann kehren wir von dieser bewegenden Reise zurück in unser eigenes Leben – und manchmal haben wir dabei etwas »im Gepäck«. »Star Wars« zum Beispiel hat den Glauben in mir gefestigt, niemals einen Menschen abzuschreiben oder aufzugeben. Dass Darth Vader, der Böseste aller Bösen, am Ende die Geschichte durch Selbsthingabe rettet, hat mir gezeigt: Niemals kann das Böse das Gute ganz auslöschen. Es gibt immer Hoffnung.

Filme haben Macht! Nicht umsonst wurden und werden sie auch zu Propaganda-Zwecken eingesetzt. Im Extremfall kann ein Film uns und unser Leben verändern. Dieser Macht ist sich auch Papst Johannes Paul II. bewusst gewesen. »Der Film kann dazu beitragen, voneinander entfernte Personen anzunähern, verfeindete Menschen zu versöhnen und einen stets respektvolleren und ergiebigeren Dialog zwischen den verschiedenen Kulturen zu fördern«, sagte er 1999 den Teilnehmern der Internationalen Studientagung über den Film. Und in seiner Botschaft zum Welttag der sozialen Kommunikationsmittel 1995 schrieb er, dass vom Kino »Botschaften ausgehen, die die Entscheidung vor allem des jüngeren Publikums zu beeinflussen und zu bestimmen im Stande sind«. Er machte das unter anderem daran fest, dass Filme sich auf Tatsachen stützen würden, »die durch Bilder von großer Durchschlagskraft auf die Zuschauer und deren Unterbewusstsein zum Ausdruck gebracht werden«. Diese Durchschlagskraft wünsche ich mir übrigens auch von Gottesdiensten. Ich denke, vom Kino können wir Priester lernen, wie die Einheit von Wort, Bild und Musik die Menschen in einem Maße berührt und bewegt, das ein einzelnes dieser Elemente allein nicht zu leisten im Stande ist. Gottesdienste sollten wie Kinofilme ein Fest für die Sinne sein und unser Wirken als Kirche genauso bewegend.

Hape Kerkeling hat in seinem Bestseller »Ich bin dann mal weg« die Kirche mit der Vorführung eines Weltklassefilms in einem Dorfkino verglichen. Ich glaube, man kann sie auch mit einem durchschnittlichen Videoabend vergleichen. Auf der einen Seite hat man ein Oscar-prämiertes Meisterwerk mit grandiosen Schauspielern und atemberaubenden Spezialeffekten. Und dann den eher kleinen Fernseher – relativ weit weg, damit alle auch etwas sehen können. Mickrige Lautsprecher statt Surround-Sound. Marcel, der während des Films immer wieder durch das Bild in die Küche läuft, um Popcorn zu holen. Heike, die ihr Handy nicht ausgestellt hat und während des Films permanent mit irgendwem textet. Und Stefan, der vor den entscheidenden Stellen immer schon verrät, was gleich passieren wird. Kurz: Es ist schwer, den Film in seiner ganzen Tiefe wirklich zu erleben. Aber trotz der widrigen Umstände kannst du der Handlung folgen und erahnst etwas von der Großartigkeit des eigentlichen Films. So, wie der viel zu kleine Bildschirm nur ein undeutliches Bild des vielfach ausgezeichneten Meisterwerks erkennen lässt, so kann auch die Kirche mit all den Fehlern und Schwächen ihrer Mitglieder Gottes Größe nur andeutungsweise zeigen. Aber trotz des Staubs und der Fingerabdrücke auf dem Bildschirm kann man in ihr erkennen, wie Gott eigentlich ist. Manchmal muss man vielleicht etwas genauer hinsehen und den Typen mit dem Popcorn einfach ignorieren. Aber der Film ist es wert! Und Gott erst recht – garantiert!

» O Captain! Mein Captain!«
Nun soll es hier ja nicht darum gehen, unter welchen Bedingungen man Gott in der Kirche begegnen kann, sondern darum, dass man ihm auch im Kino begegnen

kann. Eine Tatsache, die mir selbst erst während des Studiums bewusst geworden ist. Schon als Kind und später als Jugendlicher habe ich Filme geliebt, aber so, wie sie wohl viele Menschen lieben: als Unterhaltungsmedium. Am liebsten habe ich Filme gesehen, in denen der Held Abenteuer erlebt und Gefahren übersteht und am Ende das Gute siegt. Ich habe »Indiana Jones« geschaut und »Star Wars«, habe mit meinem Papa zusammen Western gesehen, habe »Rambo« geschaut und »Rocky«. Diese »Du kannst alles schaffen, wenn du an dich glaubst«-Helden haben mich schwer beeindruckt. Daran konnte auch die Tatsache nichts ändern, dass die Rambo-Filme eigentlich gewaltverherrlichend sind. Ich bin als Junge in den Wald gegangen und habe mir Pfeil und Bogen gebastelt! Die Rocky-Filme wirken auf mich übrigens heute noch wie eine Motivationsspritze. Wenn ich mal schlecht drauf bin, schaue ich mir einen davon an, und schon sieht die Welt wieder anders aus.

Als Jugendlicher habe ich dann angefangen, mich auch für Liebesfilme zu interessieren (– oder zumindest dafür, dass in Actionfilmen der Held am Ende auch die schönste Frau bekommt). Damals war ich genau in dem Alter, in dem einen Fragen beschäftigen wie »Wer bin ich?«, »Was macht mich als Mann aus?«, »Wie funktionieren Beziehungen?«. Es war die Zeit von »Harry und Sally«, »Ghost – Nachricht von Sam« und »Zurück in die Zukunft«. Und es war die Zeit, in der ich »Der Club der toten Dichter« gesehen habe: einen Film, der mich tief beeindruckt und wie kein anderer geprägt hat. Ich habe mich da in so vielem wiedergefunden: im Ringen um die Frage nach dem eigenen Weg, im Nicht-recht-wissen, wo man hingehört, im Druck, den Eltern und Schulsystem ausüben, im Träumen von Liebe, in den Ängsten, seine Träume nicht verwirklichen zu können …

Dass einer der Schüler am Ende des Films Suizid begeht, konnte ich damals nachvollziehen. Ich konnte es nicht gutheißen, aber das Gefühl der Ohnmacht, das den Jungen dazu getrieben hat, war mir vertraut. Gleichzeitig habe ich ganz stark empfunden, dass es nie so weit hätte kommen dürfen. Mich hat das gelehrt, dass man sein Leben nicht wegwerfen darf, sondern für seine Träume kämpfen muss. So, wie es auch im Film der Englischlehrer Mr. Keating seinen Schülern beizubringen versucht. Die Tragik, dass er von Eltern und Lehrern letztlich für den Tod des Jungen verantwortlich gemacht und suspendiert wird, hat sich mir tief eingebrannt, und kaum eine Filmszene ist mir je so unter die Haut gegangen wie die Schlussszene von »Der Club der toten Dichter«. Nach seiner Entlassung kommt Mr. Keating noch einmal ins Klassenzimmer, um ein paar persönliche Dinge zu holen. Als er schweigend den Raum verlassen will, steht einer der Schüler plötzlich auf, steigt auf den Tisch und erweist dem scheidenden Lehrer vor der gesamten Klasse seinen Respekt und Dank, indem er ihm »O Captain! Mein Captain!« nachruft, eine Anrede aus einem Gedicht des amerikanischen Dichters Walt Whitman, die Keating in seiner ersten Unterrichtsstunde mutigen Schülern freigestellt hatte. Nach und nach schließen sich andere Schüler an, und am Ende steht die halbe Klasse auf den Tischen und zeigt ihrem ehemaligen Lehrer so, dass sie die Lektion verstanden hat, die er sie zu lehren bemüht war: selbstständiges Denken und sich freizumachen von Konventionen.

Für mich ist Mr. Keating ein Motivator und Inspirator ersten Ranges. Er hat es geschafft, mit seiner unkonventionellen Art die Schüler zu begeistern und zu bewegen. Schon beim ersten Ansehen des Films habe ich mir nicht nur gewünscht, solch einen Mentor zu haben, sondern auch selbst ein solcher Mentor für andere zu sein. Ich habe mir gewünscht, anderen Mut machen zu können und zu sagen: Du hast eine Begabung, du hast eine Berufung. Suche sie und lebe sie. Carpe diem, nutze den Tag! Insofern hat der Film auch heute noch Einfluss auf mich und darauf, wie ich mein Priestersein lebe. Wie Mr. Keating seine Schüler möchte ich andere Menschen inspirieren, ihre Gaben und Talente zu entdecken. Ich möchte Leidenschaft in ihnen wecken und Kreativität, denn »Wir tun es so, weil wir es immer so getan haben« bedeutet für mich nichts anderes als »tot sein«.

Zwei Leidenschaften begegnen sich
Der Film, der übrigens 1990 den Oscar für das beste Originaldrehbuch gewonnen hat und in den Kategorien »bester Film«, »beste Regie« und »bester Hauptdarsteller« nominiert war, ist für mich persönlich aber noch aus einem anderen Grund sehr prägend gewesen. Es war nämlich der erste populäre Film, in dem ich »religiöse Spuren« entdeckt habe. Genau genommen bin ich von anderen mit der Nase darauf gestoßen worden. Es muss so etwa im siebten Semester meines Theologiestudiums gewesen sein: Eines Abends ging ich in den Clubraum des Albertinums, des Theologenkonvikts, wo ich vier Jahre als Priesteramtskandidat gelebt habe, und stellte fest, dass dort ein Dozent mit ein paar meiner Mitstudenten »Der Club der toten Dichter« sah. Ich setzte mich dazu und blieb auch nach dem Film, als die Gruppe anfing, über das Gesehene zu diskutieren. »Habt ihr den Sündenbock-Mechanismus erkannt?«, fragte der Dozent und sprach damit ein Thema an, das wir kurz vorher in einem Seminar behandelt hatten. Im Judentum gab es den Brauch, dass an einem bestimmten Tag im Jahr der Hohepriester die Sünden des Volkes Israel bekannte und durch Handauf-

legung symbolisch auf einen Ziegenbock übertrug, der dann – mitsamt der Sünden – in die Wüste gejagt wurde, wo er verendete. Auf Einzelheiten und Möglichkeiten, wie man Jesu Tod am Kreuz als Opferung eines Sündenbocks interpretieren kann, will ich hier gar nicht näher eingehen. Das Entscheidende für mich war damals: Da stellte jemand eine Verbindung her zwischen etwas Theologischem und einem Film. Und das erschöpfte sich nicht in der Frage, ob die Schulleitung Keating als Sündenbock entlassen hat, um sich von eigenen Fehlern reinzuwaschen. Da kamen plötzlich Fragen auf wie »Kann man den Verrat, den die Schüler an Mr. Keating begehen, indem sie eine schuldzuweisende Erklärung unterschreiben, mit dem Verrat des Judas vergleichen?« oder »Könnte man vielleicht sogar Mr. Keating als Erlöserfigur begreifen, weil er Jünger um sich schart und ihnen einen neuen Zugang zum Leben eröffnet?«. Ich war sprachlos. Baff. Von den Socken. Völlig geplättet. Auf einmal war mir klar: Meine beiden großen Leidenschaften – die für die Theologie und die für Filme – ließen sich verbinden. Das waren nicht völlig überschneidungslose Sphären, wie ich es bis dato angenommen hatte. Da brauchte man sich noch nicht einmal Gedanken um Sündenböcke oder Erlöserfiguren zu machen. Schon allein die Fragen »Was ist meine Berufung?«, »Wofür lohnt es sich zu kämpfen?« waren Brücken von einer Welt in die andere.

Das kam für mich wirklich einer Offenbarung gleich. »Wie sind Sie darauf gekommen, in ›Der Club der toten Dichter‹ nach theologischen Aspekten zu suchen?«, fragte ich den Dozenten. Seine Antwort, er habe in einer theologischen Fachzeitschrift von entsprechenden Bezügen gelesen, war für mich sozusagen der Startschuss, auf der Stelle in die Bibliothek zu stürmen und nach Literatur zum Thema »Theologie und Film« zu suchen. Die halbe

Nacht habe ich dort verbracht und nach und nach immer mehr Beiträge entdeckt, die sich mit religiösen Motiven in Filmen beschäftigten – und zwar auch in »Popcorn-Filmen«, also denen, die ich bis dato allein zu Unterhaltungszwecken gesehen hatte. Es gab etwas zu Batman und zu Superman als Erlöserfiguren, zum Kampf Gut-gegen-Böse in »Star Wars«, zu Engeln im Film, zum Thema Vergebung im Film ... nach und nach ist mir da ein Licht nach dem nächsten aufgegangen. Das war wie ein Feuerwerk!

Begeistert von den neuen Perspektiven, die sich da auftaten, habe ich beschlossen, meine Diplomarbeit den »Spuren des Religiösen im Film« zu widmen. Und um mich auch auf der »filmischen Seite« fortzubilden, habe ich eine ganze Reihe von Veranstaltungen besucht, die in Bonn für Studenten der Medien- und Filmwissenschaft angeboten wurden. Ich habe gelernt, wie Filme gemacht werden, wie Regisseure, Kameraleute und Schauspieler arbeiten, um diesen oder jenen Effekt zu erzielen. Damals wurde mir bewusst, dass nahezu nichts an einem Film Zufall ist, sondern jedes Detail mit Bedacht geplant wird, um im Endergebnis möglichst überzeugend eine bestimmte Botschaft zu transportieren.

Das Thema meiner Diplomarbeit lautete letztlich: »Spuren des Religiösen im Film – Ansätze zu einer theologischen Reflexion über mythologisch-religiöse Dimensionen im kommerziellen Film anhand einer Analyse von Steven Spielbergs ›E.T. – der Außerirdische‹«. Um der Frage zu entgehen, wie man darauf kommt, E.T. hätte eine mythologisch-religiöse Dimension, sei zunächst kurz die Geschichte dieses Films zusammengefasst, der übrigens zehn Jahre lang die Liste der weltweit erfolgreichsten Filme aller Zeiten angeführt hat: Aus einer nicht einheimischen Familie stammend, kommt ein kleines Geschöpf auf die Welt und zwar, weil es keinen anderen Platz gab, in einem Schuppen. Es wird entdeckt, entgeht aber den von der Staatsmacht ausgesandten Schergen. Es entwickelt sich und offenbart sehr bald seine höhere Abkunft durch Demonstrationen seiner Gelehrsamkeit und durch Wundertaten. Es kann alte Texte verstehen, vermag auf wunderbare Weise Wunden zu heilen und Totes wieder zum Leben zu erwecken. Es schart eine kleine Gruppe von Freunden bzw. Anhängern um sich und lehrt sie den Respekt vor der Schöpfung, weiß aber, dass sein »Reich« nicht von dieser Welt ist, will folglich zurück »nach Hause«. Das Geschöpf fällt den inzwischen wieder darauf angesetzten Häschern in die Hände und stirbt eines kläglichen, einsamen Todes. Durch die Liebe wird es wieder zum Leben auferweckt, erscheint seinen Freunden und kehrt schließlich endgültig in einer Art »Himmelfahrt« in seine Heimat zurück. Ich denke, angesichts dieser »Story« erübrigt es sich fast, auf zahllose Einzelaspekte hinzuweisen, wie etwa die Parallele zwischen E.T.s letzten Worten auf der Erde, »Ich bin immer bei dir«, und Jesu Zusage aus dem Matthäusevangelium: »Seid gewiss: ich bin bei euch alle Tage bis zum Ende der Welt.« (Matthäus 28,20)

Blockbuster mit Botschaften
Populäre Filme bedienen sich gerne christlicher Motive und biblischer Themen – und ich rede hier nicht einmal von klassischen Bibelfilmen, wie sie in letzter Zeit mit »Noah«, »Exodus: Götter und Könige«, »Son of God«, »Auferstanden« oder »Der junge Messias« wieder vermehrt produziert wurden. Der Grund liegt meines Erachtens darin, dass die Bibel voll ist von grundlegenden menschlichen Themen. »In keinem anderen Buch auf der Welt geht es so sehr um uns selbst wie in der Bibel«, schreibt die Deutsche Bibelgesellschaft völlig zu Recht

auf ihrer Internetseite.»Denn die entscheidenden Fragen, die uns bewegen, sind über die Jahrtausende hin dieselben geblieben. Menschen der Bibel erleben Freude und Leid, Hoffnung und Enttäuschungen, großes Vertrauen und quälende Zweifel. Sie fragen nach der Herkunft von Unrecht, Leid und Tod und nach den eigenen Grenzen, suchen nach dem Ziel ihres Lebens und stehen staunend vor den Schönheiten und Wundern unserer Welt, hinter denen sie die Macht des Schöpfers am Werk sehen, der dies alles ins Leben gerufen hat und erhält.« Weil Filme sich oft genau dieser »großen Fragen« annehmen, lassen sich in ihnen oft biblische Erzählmuster und christliche Elemente finden.

Doch das ist nur die eine Seite der Medaille. Auf der anderen Seite lassen sich aus genau dem gleichen Grund auch in vielen Filmen, die nicht explizit christliche Motive aufgreifen, trotzdem religiöse Aspekte ausmachen: in Komödien und Dramen, in Action- und Liebesfilmen. Denn immer wieder werden in populären Kinofilmen Themen angesprochen wie Schuld und Vergebung, Erlösung und Hingabe, Leiden und Sterben. Immer wieder geht es um Wunder, um den Kampf zwischen Gut und Böse, um Berufung und nicht zuletzt um die Liebe. Kurz: Es geht um existenzielle Fragen des Menschseins – und damit um Fragen, mit denen wir uns auch im Glauben beschäftigen. Deshalb kann die Auseinandersetzung mit Filmen uns helfen, im Glauben zu wachsen. Wohlgemerkt: Es geht nicht darum, zwanghaft in jedem Film nach religiösen Spuren zu suchen und theologische Aspekte hineinzuinterpretieren, die es dort gar nicht gibt. Manche Filme sind wirklich zu trivial oder zu vulgär, als dass es solche Aspekte gäbe. Aber: Man sollte auch nicht im Vorhinein ausschließen, dass sich religiöse Spuren in einem Film finden lassen, nur weil es sich zum Beispiel um einen Blockbuster Marke Hollywood handelt. »Hollywood, das ist doch eine Traumfabrik«, wird mancher einwenden wollen. Mag sein, aber aus der Bibel wissen wir, dass Gott sich oft genug in Träumen den Menschen offenbart hat.

Wie ich in meiner Diplomarbeit geschrieben habe: »Lässt man sich erst einmal auf die Welt der Filme ein, kann man immer wieder überraschende Spuren sinnstiftender Erfahrungen entdecken, die für die Frage nach der Inkulturation des Christlichen auch in der heutigen Zeit theologisch bedeutsam sind. Selbst jenseits der reichhaltigen Präsenz biblischer Erzählmuster stößt man bei der Interpretation von Filmen auf eine große Fülle theologisch bedeutsamer Fragestellungen, die sich in einem Dialog zwischen Film und Theologie für beide Seiten als fruchtbar erweisen könnten.« Deswegen bin ich im Fazit der Diplomarbeit zu dem Schluss gekommen: »Wir Theologen müssten uns für die Thematik des Films als einer Form moderner Weltdeutung sensibilisieren. Wir sollten versuchen, die säkularisierte Bilderwelt dieses Mediums mit seinen Spiegelungen religiöser Themen besser wahrzunehmen und als Seismografen für die Lebenswelt des Menschen zu begreifen.« Heute würde ich einfach sagen: In Filmen spiegeln sich die Ängste, Hoffnungen und Sehnsüchte der Menschen wider, und da es in der Seelsorge um genau diese geht, täten wir in der Kirche gut daran, uns näher mit Filmen zu befassen.

Wenn man das erkannt hat und macht, lassen sich Filme auch hervorragend in der Pastoral einsetzen: bei Exerzitien, in Gottesdiensten, in der Kommunion- und Firmvorbereitung, im Religionsunterricht ...! Dabei müssen es gar nicht immer die »großen« Spielfilme sein. In Gruppenstunden zum Beispiel oder in der Schule fehlt es dafür oft an Zeit. Aber es gibt fantastische Kurzfilme, die man einsetzen kann. Und auch mit einzelnen Film-Ausschnitten kann man hervorragend arbeiten. So lassen sich auch Filme vergleichen, die ein Thema unterschiedlich aufgreifen. Zum Thema Beichte zum Beispiel kann man Ausschnitte zeigen aus den Filmen »Auf den Schwingen des Todes«, »Saint Ralph« und »Sister Act«. Oder zum Thema »Vaterunser« beziehungsweise »Gebet« Sequenzen aus »Lola rennt«, »Spiderman 2« und »Forrest Gump«.

Wie man das geschickt macht, habe ich von Thomas Kroll gelernt, der so etwas wie mein »Jedi-Meister« in der Welt von Kirche und Film ist. Mehrfach schon habe ich bei ihm Fortbildungen gemacht und Filmexerzitien besucht, und es war mir eine große Ehre, dass ich beim Eucharistischen Kongress 2013 in Köln mit ihm gemeinsam eine Veranstaltung durchführen durfte. Kroll, der Leiter des Referats »Verkündigung/Missionarische Pastoral« im Erzbistum Hamburg und Mitglied der katholischen Filmkommission ist, beschert mir wirklich immer wieder »Aha-Momente« – zum Beispiel, wenn er erklärt, dass man das Kino auch als »kultischen Ort« begreifen kann und seinen Besuch als »gottesdienstähnliche geplante Unterbrechung des Alltags«. Parallelen zwischen Kirche und Kino hat er unter anderem in der Publikation »Filme ... in der Jugendarbeit«, einem Werkbrief für die Landjugend von 2004, herausgearbeitet: Die Anordnung der Sitzplätze in Reihen hintereinander – so wie in Kirchenbänken. Die erhöhte Konzentration und Andächtigkeit, mit der das Publikum einen Kinofilm und die Gemeinde einen Gottesdienst verfolgt. Kroll weist auf ein »gewisses Maß an Anonymität trotz gemeinsamen Gefesseltseins« hin und darauf, dass man die Filmvorführung wie den Gottesdienst nicht verlassen kann, ohne zu stören. Außerdem schreibt er: »Die Leinwand ist der wichtigste

Raumaufteiler des Kinos. Ihre Funktion ist vergleichbar mit der einer Ikonostase in orthodoxen Kirchen. Aufgabe von Ikonen ist es, in einen anderen Bereich der Wirklichkeit hinüberzuführen. Eine Ikone schaut man also nicht einfach nur an, sondern man schaut durch sie hindurch auf eine andere Wirklichkeit.« Meiner Erfahrung nach sind es oft ganz bestimmte Momente, Szenen oder Dialoge eines Films, die uns treffen. Genau in diesen bestimmten Momenten können wir tatsächlich die andere Wirklichkeit sehen, kann uns Gott mit seiner Gnade begegnen. Filme können so Nahrung für die Seele sein!

»Licht aus, Film ab« und gucken, was passiert

Verstärken lässt sich diese »nährende Wirkung« durch Filmexerzitien, also das bewusste Verbinden von der Filmbetrachtung mit Gebet, Schweigen und Gespräch. Für manch einen mag das befremdlich klingen, denn viele verbinden Filme – wie ich ja auch lange – in erster Linie mit Zerstreuung und oberflächlicher Unterhaltung, Exerzitien dagegen mit Sammlung und ernsthafter innerer Übung. Dass Filme aber zu genau dieser Sammlung einen wertvollen Beitrag leisten können, beweisen etwa die Exerzitien, die Thomas Kroll anbietet. Unter anderem zeichnen sie sich dadurch aus, dass nach dem gemeinsamen Ansehen eines Filmes nicht direkt darüber gesprochen wird. Nach der abendlichen Filmvorführung geht es schweigend in die Kapelle zum Abendgebet, dessen Texte und dessen Musik zu Aspekten des Films passen. In zwei bis drei Minuten Stille hat man die Chance zu reflektieren, was der Film mit einem gemacht hat – ohne sich damit ablenken zu können, was er mit anderen Teilnehmern gemacht hat, denn darüber gab es ja noch keinen Austausch. Anschließend kann man »eine Nacht drüber schlafen«, wobei ich festgestellt habe, dass das je nach Film mit dem Schlafen gar nicht so einfach ist. Am nächsten Tag folgen Morgengebet und Frühstück – nach wie vor schweigend –, und dann erst geht es ins Gespräch. Erstaunlicherweise sind mir morgens oft noch ganz andere Erkenntnisse oder klarere Gedanken gekommen als am Abend. Da ist man zunächst noch völlig mit Sortieren beschäftigt, manchmal auch mit Verdrängen, und am nächsten Morgen macht es dann plötzlich Klick.

Im Austausch mit den anderen Teilnehmern geht es dann um Fragen wie »Wie habe ich den Film erlebt?«, »Was hat mich berührt, erheitert, gelangweilt, fasziniert oder auch abgestoßen?«, »Welche Szenen, Bilder und Worte haben mich besonders bewegt?« und »Warum haben sie mich bewegt?« In dieser Phase ist es wichtig, weder in eine Inhaltsangabe des Films zu verfallen, noch eine Bewertung abzugeben. Es geht nicht darum, den Film als gut oder schlecht einzuordnen, sondern offen darüber zu sprechen »Was hat er mit mir gemacht?« Dabei zeigt sich, wie verschieden ein und derselbe Film die Menschen anspricht, denn jeder sieht so ein Werk durch die Brille der eigenen Biografie. Wer selbst einen Migrationshintergrund hat, wird Clint Eastwoods »Gran Torino« anders wahrnehmen als jemand ohne Zuwanderer-Erfahrung. Wer gläubig ist, wird manches in dem Film mit anderen Augen sehen als jemand, der mit Gott und Kirche nichts am Hut hat. Ob ich selbst schon einmal Gewalt erfahren habe, ob ich gerade einen nahestehenden Menschen verloren habe, wie es um meine familiären Beziehungen steht ... all das hat einen Einfluss darauf, wie der Film auf mich wirkt.

Die Exerzitien bieten einen geschützten Raum, sich damit auseinanderzusetzen. Und so wichtig es ist, das in Stille für und mit sich (und Gott) zu tun, so wichtig ist es auch, mit anderen darüber zu reden. Denn auszusprechen, was einen bewegt, tut gut. Gerade wenn es Dinge sind, die einen belasten, die einen ängstigen, die einen nicht zur Ruhe kommen lassen. Es braucht ein bisschen Mut, sich ehrlich der Frage zu stellen »Warum trifft mich dieses oder jenes in einem Film so tief?« – sei es positiv oder negativ – und noch ein bisschen mehr Mut, vor anderen darüber zu sprechen. Aber wer diesen Mut aufbringt, wird damit belohnt, sich selbst besser kennenzulernen und sich vielleicht manches »von der Seele reden« zu können. Außerdem kann es sehr bereichernd sein zu erfahren, wie andere Menschen einen Film sehen. Auch hier gilt wieder – wie in Kapitel 7 schon dargelegt –, in Auseinandersetzung mit dem Du gewinnt das Ich. Ich plädiere deshalb immer dafür, sich über Filme auszutauschen, auch außerhalb von Filmexerzitien. Am besten sieht man sich Filme erst gar nicht alleine an, sondern schaut sie mit jemandem zusammen, mit dem man danach über das Gesehene sprechen kann.

Wie wichtig das sein kann, habe ich schon als Kind erfahren – und zwar genau dadurch, dass ich das Gegenteil getan und mit niemandem gesprochen habe. Mit elf Jahren habe ich mich nämlich nachts, als meine Eltern schliefen, heimlich aus dem Kinderzimmer geschlichen und »Der weiße Hai« gesehen. Eine Aktion, die ich bis heute bereue, denn der Film hat mir eine solche Angst eingeflößt, dass ich immer noch nicht im Meer oder auch in einem See schwimmen kann, ohne mich nach einer Flosse umzuschauen. Als Kind hatte ich eine Zeit lang sogar Angst im Schwimmbad! Ich wette: Hätte ich damals mit jemandem darüber gesprochen, was der Film bei mir ausgelöst hat, hätte sich die Angst nicht so verfestigt. Deshalb, liebe Eltern: Achtet zum einen darauf, dass eure Kinder nur solche Filme sehen, die auch für ihr

Alter freigegeben sind, und lasst sie zum anderen auch bei altersgemäßen Filmen nicht allein mit dem, was sie gesehen haben.

An der Einstufung, welche Filme im Rahmen der Freiwilligen Selbstkontrolle der Filmwirtschaft (FSK) für welche Altersstufe freigegeben werden, durfte ich selbst schon aktiv mitwirken. Bis vor ein paar Jahren war ich für »die öffentliche Hand« dreimal im Jahr für je fünf Tage im Deutschen Filmhaus in Wiesbaden, wo die FSK-Kommission tagt: vier bis acht Leute – Sozialpädagogen, Lehrer, Juristen und andere, die mit Kindern und Jugendlichen zu tun haben. Mindestens zwei Filme haben wir pro Tag geschaut, dazu Videospiele, Trailer, Fernsehserien und Werbung, und dann über deren Altersfreigabe diskutiert. Das entscheidende Kriterium war, ob ein Film die Entwicklung von Kindern und Jugendlichen oder ihre Erziehung zu einer eigenverantwortlichen und gemeinschaftsfähigen Persönlichkeit beeinträchtigen kann. Konkret ging es meist um die Darstellung von Gewalt und Sexualität und um verbale Äußerungen zu diesen Themen.

Doch bei allem Bemühen um eine objektive Beurteilung – letztlich ist die Wahrnehmung und Wirkung von Filmen absolut individuell. Niemals werden zwei Menschen ein und denselben Film genau gleich sehen, denn wie beim Thema Filmexerzitien schon angeführt, spielt die eigene Biografie eine nicht unerhebliche Rolle, wenn es darum geht, was ein Film »mit mir macht«. Sogar die aktuelle Gemütslage hat einen Einfluss darauf: Was mich heute runterzieht, lässt mich morgen vielleicht schon kalt. Was mich heute herzhaft lachen lässt, finde ich morgen möglicherweise gar nicht mehr komisch. Wie bei so vielen anderen Dingen auch möchte ich deswegen nicht vorgeben, »diesen oder jenen Film musst du schauen«, sondern Mut machen: »Entdecke das, was DICH bewegt.« Das muss nicht das gleiche sein, was mich bewegt! Ich kann andere nur ermuntern, sich in ihrem Leben und ihrem Glauben von Filmen bereichern zu lassen, indem ich Zeugnis davon gebe, was mich fasziniert, begeistert, erheitert oder zu Tränen gerührt hat.

Wahrlich »Wie im Himmel«

Ein Film, auf den all das auf einmal zutrifft, in dem ich gelacht und geweint habe und der mich nach wie vor jedes Mal berührt und begeistert, wenn ich ihn sehe, ist »Wie im Himmel«. 2005 ist diese schwedische Produktion von Regisseur Kay Pollak bei uns in die Kinos gekommen. Es geht in dem Film um den Stardirigenten Daniel Dareus, der aus gesundheitlichen Gründen seine Karriere beenden muss, in sein Heimatdorf zurückkehrt und dort mit unkonventionellen Methoden den Kirchenchor leitet. Es kommt zum Konflikt mit dem Pfarrer und dem Kirchenvorstand, aber letztlich stellen sich die Chormitglieder hinter Daniel, und der Film endet mit einer Reise des Chores zu einem internationalen Chor-Festival. Über die Botschaften des Films und die religiösen Spuren, die sich darin finden lassen, ließe sich fast ein eigenes Buch schreiben, deshalb will ich hier nur exemplarisch drei herausgreifen: das Göttliche in der Musik, die Kraft der Gemeinschaft und der Schatz der Talentförderung.

Letzteres ist ein Motiv, das mich auch schon an »Der Club der toten Dichter« fasziniert hat. Wie der Lehrer Mr. Keating ist auch Chorleiter Daniel ein Motivator und Inspirator. Er weiß die Menschen zu begeistern, zu bewegen und weckt und fördert ihre Talente, indem er ganz individuell auf sie eingeht. So schreibt er beispielsweise ein Lied für Gabriella, die zu Hause durch ihren Mann viel Demütigung und Gewalt erfährt. »Ich hab's für dich geschrieben«, sagt er ihr. »Es ist dein Lied, Gabriella, und ich denke, es wäre schön, wenn du es singst, im Heimatmuseum, beim Konzert, und zwar die Solostimme.« »Aber das kann ich nicht«, wendet sie ein. »Wieso ich?«

Und im Gespräch unter vier Augen ermutigt Daniel sie: »Wenn du sagst, du kannst es nicht, dann weiß ich nicht, ob ich das glauben soll. Ich habe es doch für deine Stimme geschrieben und ich höre deine Töne, Gabriella.« Daniel glaubt an seine Sängerinnen und Sänger und hilft ihnen, das, was Gott in ihnen angelegt hat, ans Licht zu holen. Am Beispiel von Gabriella zeigt der Film auf beeindruckende Weise, wie man sich weiterentwickeln kann, wenn andere an einen glauben und einem helfen, seine Talente zu leben. »Gabriellas Song«, den sie gegen den Willen ihres gewalttätigen Ehemanns beim Chorkonzert singt, ist Gänsehaut pur!

Überhaupt ist die Musik ein ganz wichtiger Aspekt in diesem Film. Daniels Wunsch war es schon immer, »eine Musik zu machen, die die Herzen der Menschen öffnet«. Er ist der Überzeugung, dass diese Musik »schon da« ist. »Da oben überall vibriert sie und wir können sie holen«, erklärt er seinem Chor. »Und alles geht bloß darum, dass wir zuhören, dass wir auch bereit sind, sie von da oben zu holen.« Daniel spricht damit indirekt das Transzendente der Musik an, ihre Kraft, uns mit etwas Göttlichem in Berührung zu bringen. Am Ende des Films gelingt es ihm, seinen Traum von der vollkommenen, die Herzen öffnenden Musik zu verwirklichen. »Aber wie? Und warum mit diesen Menschen?«, fragt ihn sein ehemaliger Manager. Daniels Antwort ist so einfach wie groß: »Sie lieben mich. Und ich, ich liebe sie.« Er hat erkannt: Nur in Beziehungen und nur durch die Liebe können wir uns der Vollkommenheit nähern, christlich gesprochen: dem Reich Gottes. Damit ist auch das Motiv

»Kraft der Gemeinschaft« schon angerissen. In vielen Entwicklungsschritten erfahren die Chormitglieder in dem Film, wie wichtig eine offene und ehrliche Kommunikation ist, und lernen, sich gegenseitig anzunehmen. »Woher willst du wissen, was gut für andere ist?«, ist eine der zentralen Fragen. In der gegenseitigen Annahme und Rücksichtnahme erleben die Sängerinnen und Sänger schließlich die Kraft der Gemeinschaft. Da, wo es Liebe gibt und Zärtlichkeit, wo Menschen im Sinne Jesu handeln und Vergebung schenken, wo sie Gemeinschaft erfahren und Gnade, da ist es »Wie im Himmel«.

Diesen Film habe ich wegen seiner vielen tollen Aspekte auch schon mehrfach in der Gemeindearbeit eingesetzt und habe bei Radio Horeb darüber gesprochen. Ich möchte die bereichernden Erfahrungen einfach weitergeben, die ich mit Filmen gemacht habe und die jeder machen kann, wenn er Filme nicht nur mit offenen Augen schaut, sondern auch mit offenem Herzen und wachem Verstand. Ich möchte andere ermutigen, ihre eigenen Erfahrungen mit diesem tollen Medium zu machen, und deswegen schreibe ich im Pfarrbrief und in der Kirchenzeitung für das Erzbistum Köln Artikel über Filme, deswegen spreche ich darüber in meiner »Spurensuche«-Sendung »CinemaClub« bei Radio Horeb und als »Filmpfarrer« bei RPR1, deswegen habe ich in den drei Youcat-Taschenkalendern, die ich herausgegeben habe, Filmtipps für jeden Monat untergebracht und deshalb gibt es in »Hallo Welt, hier Kirche« dieses Kapitel. Alles, um andere zu ermuntern, selbst zu Entdeckern zu werden und aus Filmen zu lernen.

Mir persönlich haben Filme zum Beispiel geholfen, sensibler zu werden für Zeichen, die Gott einem schenken möchte. In »Forrest Gump« etwa laufen Forrest und seine Freundin Jenny relativ am Anfang auf der Flucht vor Jennys gewalttätigem Vater in ein Maisfeld hinein, wo Jenny niederkniet und betet: »Lieber Gott, mach, dass ich ein Vogel werde, damit ich von hier wegfliegen kann, weit, weit weg.« Darauf zurückblickend kommentiert Forrest: »Mama hat immer gesagt: ›Gottes Wege sind rätselhaft.‹ Er hat an dem Tag keinen Vogel aus Jenny gemacht. Aber er hat stattdessen dafür gesorgt, dass die Polizei gesagt hat, Jenny braucht nie mehr in das Haus zurückzugehen.« Erst nachdem ich den Film zwei- oder dreimal gesehen hatte, kam mir diese Szene beim Anschauen der Schlussszene wieder in den Sinn, in der Forrest von Jennys Grab weggeht, sich aber noch einmal umdreht, als ein Schwarm Vögel zwitschernd über das Grab hinwegfliegt und sich im Baum niederlässt – ein Zeichen dafür, dass Gott Jennys Gebet letztlich doch erhört hat und sie bei ihm Frieden und Freiheit gefunden hat.

Einer ähnlichen Symbolik bedient sich auch der Film »Patch Adams«. Dort gesteht Patchs Freundin Carin ihm an einer Stelle, wie sie früher von Männern verletzt worden ist. »Als ich ein kleines Mädchen war, habe ich aus meinem Schlafzimmer auf die Raupen geschaut. Ich hab sie immer so sehr beneidet«, sagt sie. »Egal, was sie vorher mal waren, egal was ihnen passiert war, sie konnten sich einfach verstecken und sich in diese wundervollen Geschöpfe verwandeln und ganz und gar unberührt wegfliegen.« Dieser Gedanke wird später im Film aufgegriffen, nachdem Carin umgebracht wurde. Patch steht in der entsprechenden Szene vor einem Abgrund, wo er mit Gott hadert und daran denkt, sich umzubringen. »Tja, wie geht's jetzt weiter?«, will er von Gott wissen. »Was willst du von mir?« Mit einem Blick in die Tiefe sagt er: »Ja, ich könnte es tun. Wir beide wissen, dass du mich nicht daran hindern würdest. Also antworte mir bitte. Sag mir, was das soll!« Der Zuschauer hört Gottes Antwort nicht, aber Patch legt nach:»O.k., betrachten wir das logisch: Du erschaffst den Menschen. Der Mensch erleidet die schlimmsten Qualen. Der Mensch stirbt. Vielleicht hättest du dich vor der Schöpfung nochmal hinsetzen und ein paar Brainstorming-Sessions machen sollen. Du ruhtest am siebten Tag. Du hättest diesen Tag für das Mitgefühl verwenden sollen.«Patch sieht, wie ein kleiner Stein, den er losgetreten hat, in die Tiefe fällt und kommt zu dem Schluss:»Weiß du was, du bist es nicht wert!«Als er sich vom Abgrund abwendet, sieht er auf seiner Tasche einen Schmetterling sitzen, der dann auf ihn zufliegt und sich auf sein Hemd setzt – genau auf Höhe seines Herzens. Patch nimmt den Schmetterling auf den Finger, betrachtet ihn und in seinem Gesicht spiegeln sich Erstaunen, Trauer und Freude. Schließlich fliegt der Schmetterling weg und die Kamera verfolgt seinen Flug in den blauen Himmel. In dieser Sequenz fällt kein einziges Wort, aber die Botschaft ist stark: Der Tod ist nicht das Ende, sondern eine Verwandlung, und durch Zeichen kann Gott das den Hinterbliebenen offenbaren. Er lässt die Klage nicht unbeantwortet, sondern schenkt Patch ein Zeichen für»das Leben der kommenden Welt«, wie es im großen Glaubensbekenntnis heißt. Auch, wenn es»nur« Spielfilme sind: Solche Szenen können Trost schenken!

Das Happy-End – ein Verweis auf die Ewigkeit

Und es gibt sie nicht nur in Dramen oder Tragikkomödien, sondern auch in knallharten Actionfilmen. Bei»Gladiator« zum Beispiel stirbt der Held Maximus am Ende des Films in der Arena, und man sieht seinen Körper plötzlich schwerelos über den Boden gleiten. Die nächste Szene zeigt in einem anderen Farbmodus seine Frau und sein Kind, die ermordet wurden, wie sie auf einem Feldweg stehen und ihn kommen sehen, und man sieht Maximus durch ein Kornfeld auf die beiden zugehen. Dieser Gedanke, dass wir im Tod wiedervereint werden mit denen, die wir lieben und die vor uns gegangen sind, wird dort ohne jede Zweideutigkeit ins Bild gebracht. Warum aber so ein Schluss in so einem Film? Ich denke, weil wir Menschen Hoffnung brauchen. Wir haben tief in uns die Sehnsucht, dass der Tod nicht das Ende ist, sondern dass er Verwandlung und Befreiung bedeutet, Wiedervereinigung und Vollendung. Alleine, dass wir Menschen diese Sehnsucht haben – und das übrigens sogar in den verschiedensten Religionen und Kulturkreisen – ist für mich ein Zeichen dafür, dass es auch eine Erfüllung dieser Sehnsucht gibt. Gott hat die Ewigkeit in uns hineingelegt, heißt es auch in der Bibel, »doch ohne dass der Mensch das Tun, das Gott getan hat, von seinem Anfang bis zu seinem Ende wieder finden könnte«. (Kohelet 3,11) Wir haben also eine Ahnung von der Ewigkeit, aber so richtig fassen können wir sie nicht.

Ob in »Gran Torino« am Ende der Held sein Leben hingibt für seine Freunde oder in »Wie im Himmel« die Hauptfigur im Tod ihrem kindlichen Ich begegnet und es in den Arm nimmt. Ob in »Stadt der Engel« die Menschen nach ihrem Tod von Engeln abgeholt werden oder in »Mr. May und das Flüstern der Ewigkeit« der Tod überraschend aus dem Nichts zuschlägt und das Ende wieder einen Ausblick gibt auf ein »Danach«. Ob in »Honig im Kopf« das Mädchen bei der Beerdigung ihres Großvaters nicht am Grab steht, sondern auf einer Wiese liegt und in den Himmel lächelt, weil der Opa ihr gesagt hat, dass er von dort auf sie herabblicken wird, oder in »Titanic« Rose im Tod wieder auf Jack trifft und alle, die beim Untergang des Schiffes ums Leben gekommen sind, sie bejubeln – nicht nach Klassen getrennt auf den einzelnen Schiffdecks, sondern in einem fröhlichen, klassenlosen Miteinander: ein starkes Sinnbild für das Himmelreich. Es gibt einfach unzählige sehenswerte Filme, in denen der Tod eine Rolle spielt und Aussagen dazu gemacht werden. Denn Filme haben, wie ganz am Anfang dieses Kapitels erklärt, mit unserem Leben zu tun. Und der Tod gehört nun einmal untrennbar zu unserem Leben dazu. Dass es trotzdem oft schwerfällt, ihm zu begegnen, darum soll es im letzten Kapitel gehen.

Mit meiner Mutter 2012 im Krankenhaus in Olpe.
© privat

Gruppenbild mit Familie und Freunden nach der Beerdigung meiner Mutter am 12. Mai 2014 in Bergneustadt. © privat

IRENA FINK
oder: Christen dürfen beides, trauern und hoffen

11

»Heute Morgen hat das Herz meiner Mutter aufgehört zu schlagen. Sie konnte friedlich zu Hause, im Kreis ihrer Familie, sterben. Danke dafür, Gott! Sie hat zehn Jahre gegen den Krebs gekämpft und oft gewonnen – auch jetzt, nur anders. Sie war für mich die beste Mutter, die ich mir vorstellen kann. Sie hat mir nicht nur das Leben geschenkt, sondern mein Leben zu dem gemacht was es ist: lebenswert! Sie hat mir vorgelebt, was es bedeutet zu lieben, zu glauben und niemals die Hoffnung aufzugeben. Danke dafür, Mama!« So habe ich es am 6. Mai 2014 bei Facebook geschrieben, während im Nebenzimmer mein Vater und meine Schwester den Leichnam meiner Mutter umkleideten. »Wie kannst du in dem Moment an Facebook denken?«, fragt sich vielleicht manch einer. Aber ich hatte in dem Moment einfach das Bedürfnis, meine Gefühle mit meinen Freunden zu teilen. So viele von ihnen hatten mit uns gehofft und gebangt und gebetet – zum Teil seit Jahren. Von der ersten Diagnose 2004 an war es ein beständiges Auf und Ab gewesen. Wie oft meine Mutter im Krankenhaus war, kann ich gar nicht mehr nachvollziehen. Über vierzig Operationen hat sie in rund zehn Jahren über sich ergehen lassen müssen. »Du hast so viel gelitten, so viel ertragen und wolltest immer leben. Du warst so stark bis zum Schluss«, habe ich geschrieben. »Deine Stärke macht auch mich stark. Ich werde dich vermissen, so sehr vermissen! Aber gleichzeitig weiß ich, dass du jetzt im Himmel für uns betest, dass du bei Jesus bist. Ich glaube, dass du dort befreit durchatmen kannst und vollkommen eingehüllt bist in Gottes Liebe. Mach's gut, Mama. Auf Wiedersehen! Ich habe dich sehr geliebt und werde dich immer lieben mit der Liebe, mit der du auch mich geliebt hast. Wir werden uns irgendwann im Himmel wiedersehen, aber jetzt noch nicht. Ich bleibe noch ein bisschen hier. Es gibt noch viel zu erleben, und ich werde es für dich erleben. Dein Norbert«

»Klar«, mag jetzt mancher denken, »als Priester muss man ja so frommes Zeug schreiben wie ›Du bist jetzt bei Gott‹ und ›Wir werden uns im Himmel wiedersehen‹«. Ich denke aber nicht, dass man das muss. Aber ich glaube daran – warum soll ich dann nicht auch davon schreiben? Jesus sagt: »Ich bin die Auferstehung und das Leben.

Wer an mich glaubt, wird leben, auch wenn er stirbt, und jeder, der lebt und an mich glaubt, wird auf ewig nicht sterben.« (Johannes 11,25-26) Oder wie ich es in meinem Poetry-Slam »Die Liebe bleibt« formuliert habe: »Jesus sagt: Wer an mich glaubt sei unverzagt! Euer Kummer wird sich in Freude verwandeln. ICH werde an euch handeln. Dann wird euer Herz sich freuen und ihr werdet es nicht bereuen, gehofft zu haben bis zum Ende, denn der Tod ist eine Wende – nicht das Ende!« In dieser Überzeugung kann ich in der heiligen Messe für Verstorbene aus ganzem Herzen beten: »Bedrückt uns auch das Los des sicheren Todes, so tröstet uns doch die Verheißung der künftigen Unsterblichkeit. Denn deinen Gläubigen, o Herr, wird das Leben gewandelt, nicht genommen.«

Tatsächlich war der Tod meiner Mutter so etwas wie eine Nagelprobe für mich und meinen Glauben. Wie gehst du damit um, wenn deine schlimmste Horrorvorstellung wahr wird und ausgerechnet der Mensch stirbt, der für dich der wichtigste Mensch auf der ganzen Welt ist? Wie gehst du als Christ damit um? Als Priester? Glaube ich wirklich an die Auferstehung? Trägt das, oder ist es nur eine Vertröstung? Ich bin sehr dankbar, dass ich für mich feststellen durfte: Ja, ich glaube wirklich daran. Und ja: Dieser Glaube trägt. Aber ich habe auch festgestellt: Das ändert erst einmal gar nichts an dem Schmerz, den man empfindet. An der Trauer. An der Ohnmacht.

Gegen Trauer hilft keine »fromme Soße«

Ich habe mir deswegen abgewöhnt bei Trauerbesuchen, die ich als Priester mache, direkt davon zu sprechen, dass es dem oder der Verstorbenen jetzt gut geht bei Gott. Den Hinterbliebenen »mit dem Himmel zu kommen«, ist in dem Moment meist einfach noch viel zu früh. Wenn ich gezielt danach gefragt werde – »Mein Mann ist doch jetzt im Himmel, oder?« –, dann gehe ich natürlich darauf ein. Aber ansonsten versuche ich, Trauer zuzulassen und hüte mich vor jedem »alles ist gut«. Denn es ist verdammt nochmal nicht alles gut. Da ist gerade ein Mensch gestorben! Da darf man keine »fromme Soße« drübergießen. Aus der Angst heraus, nicht die richtigen Worte zu finden, ist die Versuchung groß, sich in Standardfloskeln zu flüchten. Aber das ist, als würde man auf eine klaffende Fleischwunde ein Pflaster kleben wollen. Dazu ist es einfach zu früh.

Zum Glück habe ich festgestellt: Oft braucht es gar keine großen oder gar weisen Worte. Es reicht, einfach da zu sein, zuzuhören und Zeit zu haben. Die Menschen sind dankbar, wenn ihnen jemand zuhört und dabei nicht auf die Uhr schaut. Ich finde es deshalb auch eine hervorragende Idee, Laien zu qualifizieren, dass sie Trauergespräche führen, Wortgottesdienste halten und Verstorbene bestatten können. Eine Bestattung ist schließlich kein Sakrament. Vielmehr gehört »Tote begraben« zu den sieben Werken der Barmherzigkeit, zu denen eigentlich jeder Christ berufen ist. Ich bin mir sicher: Es gibt viele Männer und Frauen in unseren Gemeinden, die ein Talent dafür haben, die Einfühlungsvermögen mitbringen und mehr Zeit als viele Geistliche. Im Erzbistum Köln sind im Juni 2016 die ersten neun Ehrenamtlichen beauftragt worden, Verstorbene zu verabschieden und zu bestatten und die Angehörigen zu begleiten. Ich hoffe, dass noch viele folgen werden.

Manchmal biete ich nach einem Trauergespräch an, zusammen zu beten. Dann versuche ich, das aufzugreifen und einzubauen, was mir erzählt worden ist. Wenn das gelingt, sind das oft unglaublich intensive Momente des Gebets. Aber manchmal spüre ich auch, dass jemand (noch) nicht beten kann oder will, und dann ist das genauso in Ordnung. Mir hat es geholfen, als wir mit der ganzen Familie zusammen an Mamas Totenbett den Rosenkranz gebetet haben. Ich war froh, irgendetwas tun zu können – für mich, für andere, für Mama. Aber jeder trauert anders, und jede Form der Trauer ist richtig. Der eine weint, der andere ist wütend, der nächste zieht sich zurück oder überspielt seine Trauer mit Coolness. Einer erzählt immer wieder die gleichen Geschichten, und ein anderer entwickelt plötzlich unbändigen Aktionismus ... Wie man trauert und was einem hilft, mit dem Verlust umzugehen, ist ganz individuell.

Mir persönlich hat zum einen das Aufgehobensein in der Familie geholfen und zum anderen mein Glaube, das Getragensein in Gott. Ich weiß noch genau, wie ich mich an Mamas Todestag abends zu Hause hingesetzt habe, um zu beten. Normalerweise lese ich immer morgens die Schriftstellen des Tages, also die Abschnitte aus der Bibel, die von der Kirche als Lesung und Evangelium für den Tag vorgesehen sind. Aber da mich die Nachricht von ihrem Tod aus dem Schlaf gerissen hatte und ich sofort nach Bergneustadt gefahren war, hatte ich das an dem Tag noch nicht gemacht. Ich schlug also die Bibel auf und las im Tagesevangelium das Jesus-Wort: »Ich bin das Brot des Lebens; wer zu mir kommt, wird nie mehr hungern, und wer an mich glaubt, wird nie mehr Durst haben.« (Johannes 6,35) Was hab ich da geheult! Und gleichzeitig war ich so dankbar! Die letzten Wochen vor ihrem Tod hatte meine Mutter nichts mehr essen und trinken können und jetzt diese Zusage Jesu: »Wer zu mir kommt, wird nie mehr hungern, und wer an mich glaubt, wird nie mehr Durst haben.« Einen besseren Trost hätte es in dem Moment für mich nicht geben können. Dazu kam noch die Lesung vom Tag: die Steinigung des Stephanus aus der Apostelgeschichte. Als ich das sah, hatte ich gleich den Satz meiner Oma im Ohr,

die an Mamas Totenbett an Opa gedacht und gesagt hat:
»Der Stefan hat sie jetzt zu sich geholt.« Ein schöner Gedanke, dass meine Mutter jetzt ihren Vater wiedersehen konnte. Und nun kam sein Namenspatron in der Lesung ihres Todestages vor ... dabei ist im ganzen Kirchenjahr nur zweimal von Stephanus die Rede: am zweiten Weihnachtstag und eben am 6. Mai. Für mich war das, als würde Gott sagen: »Ich habe diesen Zeitpunkt ausgewählt, und er ist gut und richtig – vertrau mir!«

Tröstlich fand ich es außerdem, mit der Familie zusammenzusitzen, die Beerdigung zu planen, Karten dafür zu schreiben, Beileidskarten zu lesen, Erinnerungen auszutauschen, einfach Zeit füreinander zu haben. Es tat mir gut zu fühlen, dass andere genauso traurig waren wie ich, oder auch zu sehen, dass sie vielleicht sogar noch mehr litten, und ich war froh, ihnen beistehen zu können. Mein jüngerer Bruder Daniel zum Beispiel hat mir sehr leidgetan, weil er in so vielem noch am Anfang stand und steht. Unsere Mutter wird nicht dabei sein, wenn er seinen Studienabschluss macht, wenn er seine erste Stelle antritt, wenn er einmal heiraten sollte oder Vater wird ... Mein Diplom dagegen hat sie mitgefeiert. Sie war bei meiner Diakonen- und Priesterweihe dabei, und ich weiß, wie stolz sie auf mich war, als ich Jugendseelsorger geworden bin. Mehr noch als mein Bruder hat mir allerdings mein Vater Andrzej leidgetan. Er war so einsam nach Mamas Tod! Ich vergesse nie den Moment, als wir auf dem Friedhof in Bergneustadt die Grabstelle ausgesucht und festgestellt haben, dass man von dort durch eine Lücke im Baumbestand genau auf unser Haus am gegenüberliegenden Hang sehen kann. Papa fing plötzlich an zu weinen und erklärte: Als Mama mit uns nach Deutschland kam, wo er vier Jahre ohne sie hatte leben müssen, hätten sie einander geschworen, sich nie wieder aus den Augen zu verlieren. Ein Schwur, den er jetzt sogar über den Tod hinaus hält: Mit einem Fernglas kann er von seiner Terrasse aus sehen, ob auf dem Grab ein Licht brennt oder nicht. So sehr mich die Trauer meines Vaters in dem Moment schmerzte: Ganz intensiv habe ich da auch eine starke Fügung gespürt – so, als würde Mama bei uns sein und uns begleiten.

Am Tag der Beerdigung war es ganz schön voll am Grab. Ich kann gar nicht mehr im Einzelnen sagen, wer da war und wer nicht, aber allein zu sehen, dass so viele Menschen Anteil genommen haben, hat mir gut getan. »Je dunkler die Nacht ist, desto heller leuchten die Sterne!«, habe ich deshalb am Tag ihrer Beisetzung bei Facebook gepostet. »Danke für diese Sternstunde der Liebe Gottes in unserem Leben bei der Beerdigung unserer Mutter. Durch über 250 Menschen, die gekommen sind, um Abschied zu nehmen von unserer Mama und um uns als Familie zu tragen, fühlen wir Gnade, Dankbarkeit und Frieden. Die Liebe vertreibt alle Furcht. Die Liebe siegt immer! Danke, Familie Fink.« Ich habe es als Zeichen der Wertschätzung empfunden, dass so viele Freunde und Bekannte zur Beerdigung gekommen sind. Mich hat das darin bestätigt, was für ein wundervoller und wertvoller Mensch meine Mama war.

Balanceakt Beerdigung

Auch die Messfeier vorher, die mein Mitbruder, Pfarrer Christoph Bersch, gehalten hat, hat mir gut getan. Ich weiß ja, wie schwierig es ist, zu so einem Anlass die richtigen Worte zu finden und auch die richtigen Zeichen. Seine Predigt hat uns bewegt, und ich fand es auch toll, dass er meine Oma aus Polen danach in den Arm genommen hat. Damit hat er ihr ohne Worte gezeigt, dass er ihren Schmerz sieht und mit ihr fühlt – auch, wenn man als Priester wohl nur bis zu einem gewissen Grad nachvollziehen kann, wie es sich anfühlen muss, sein eigenes Kind zu Grabe zu tragen. Eine Erfahrung, die meine Oma nun schon dreimal hat machen müssen. Dabei hat Christoph, vielleicht um die Tragik der Situation zu entschärfen, einen Scherz gemacht wie »Das hätten Sie auch nicht gedacht, dass Sie mal von einem anderen Priester als ihrem Enkel umarmt werden, oder?«, und damit die Gemeinde zum Lachen gebracht. Das finde ich ganz wichtig, dass man bei einer Trauerfeier da, wo es angebracht ist, auch mal lachen kann. Denn Freude gehört genauso zum Leben dazu wie der Tod.

Ich erinnere mich gut an die Exequien eines über 90-Jährigen, die ich halten durfte. Der Mann war bis ins hohe Alter fit gewesen, hatte seinen 90. Geburtstag noch groß mit der ganzen Familie gefeiert und dabei eine Rede darauf gehalten, wie gerne er sein Leben gelebt hat. Wie es für ihn typisch war, hat er seine Rede mit einem »Prost« beendet. In der Predigt habe ich darauf Bezug genommen und erklärt, dass »Prost« vom Lateinischen »pro sit« kommt, zu Deutsch »möge mit dir sein«, und dass es eine verkürzte Form ist von »deus pro sit«, »Möge Gott mit dir sein«. In diesem Sinne habe ich die Ansprache auch mit »Prost« statt mit »Amen« beendet und die Trauergemeinde eingeladen, dem Verstorbenen, dessen Sarg in der Kirche aufgebahrt war, selbst ein letztes »Möge Gott mit dir sein« auf den Weg zu geben. Ganz viele haben das gemacht, und das »Prost« schallte in heiterer Dankbarkeit durch die Kirche. Das war eine tolle Atmosphäre!

Solche Beerdigungen, bei denen man Abschied nimmt von jemandem, der ein langes, erfülltes Leben hatte, sind für mich als Priester die einfacheren. Es gibt aber auch viele, die mir sehr schwer fallen. Einerseits, weil sie mir so nahegehen – wenn die Menschen traurig sind, kann ich nicht anders als mitfühlen, und manchmal habe ich Sorge, dass mir dann selbst die Tränen kommen –, andererseits, weil ich mich schwer damit tue, die richtige Balance zu finden zwischen »Auferstehungshoffnung vermitteln« und »fromme Soße vermeiden«. Wenn ich zum Beispiel einen 36-Jährigen beerdige, der alkoholabhängig war und letztlich an seinem Erbrochenen erstickt ist.

Wenn ich ein sechsjähriges Kind beerdige, das körperlich und geistig behindert war und dessen Mutter sich vor lauter Schuldgefühlen fast mit ins Grab wirft, weil sie sich verantwortlich fühlte für die Krankheit und den frühen Tod ihres Kindes. Wenn ich einen 50-jährigen Mann beerdige, der mir eine Woche vor seinem Tod noch davon erzählt hat, dass die Depressionen zurückgekommen sind, mit dem ich in den nächsten Tagen telefonieren wollte und dessen Frau mir dann sagte, dass er von der Brücke gesprungen ist.

Nach einem Suizid finde ich es besonders schwer, die richtigen Worte zu finden, die den Toten weder in den Himmel loben, noch in die Hölle verdammen. Ich war mal als Trauergast bei den Exequien für eine Frau, die sich selbst umgebracht hat, und habe mich so geärgert, dass ich drauf und dran war, den Gottesdienst zu verlassen. Der Priester hat nämlich gepredigt, als wäre die Frau friedlich im Bett eingeschlafen. Das kann man doch nicht machen! Jeder in der Kirche wusste, dass die Frau sich umgebracht hat. Da kann ich als Priester doch nicht einfach drüber hinweggehen, das muss ich doch ins Wort bringen! Und vor allem darf ich nicht einfach sagen: »Jetzt ist sie im Himmel und hat ihren Frieden gefunden.« Was, wenn in der Bank jemand sitzt, der darüber nachdenkt, seinem Leben ein Ende zu setzen? Ich habe eine riesige Verantwortung, dem nicht das Gefühl zu geben: »Super, das ist die Lösung, dann hast du deinen Frieden!« Im Falle des erwähnten 50-Jährigen habe ich den Schwerpunkt in der Predigt deshalb darauf gelegt, dass es nicht an uns ist zu urteilen, sondern an Gott, und dass wir hoffen, dass er sich des Mannes erbarmen wird. Dem habe ich dann – weil es mir immer wichtig ist, Dinge nicht nur in Worte zu fassen, sondern auch sichtbar zu machen – dadurch Ausdruck verliehen, indem ich mich vor den Sarg niedergekniet und ihn mit der Hand berührt habe. Ein Zeichen, auf das ich im Nachhinein von verschiedenen Leuten angesprochen worden bin im Sinne von »Stark: Wir dachten, die Kirche würde Selbstmörder ohne Wenn und Aber verurteilen, und Sie knien vor den sterblichen Überresten nieder.« Wenn diese Trauergäste mitgenommen haben, dass es allein in Gottes Hand liegt zu erlösen oder zu verdammen, dann bin ich froh. Ich persönlich glaube, dass es Himmel und Hölle gibt und das Fegefeuer als Ort der Läuterung. Ich glaube aber auch, dass es nicht an uns ist zu bestimmen, wer wo »landet«. An uns liegt es nicht zu urteilen, sondern zu hoffen und zu beten – für jeden Menschen! So würde ich es auch von der Hölle sagen: Ich glaube, dass es sie gibt, und ich hoffe und bete, dass sie leer ist.

Aber es muss gar nicht immer so kompliziert sein ... auch bei einer »normalen« Beerdigung kann man einfach unglaublich viel falsch machen. Ich bin zum Beispiel immer vorsichtig, wenn es darum geht, was Angehörige mir über einen Verstorbenen erzählen. Das ist ja immer nur ein Ausschnitt, nur eine Sicht der Dinge. Was, wenn ich in der Predigt dann sage, wie großzügig und gastfreundlich der Tote gewesen ist, und in der Kirche sitzt jemand, der das völlig anders erlebt hat. Meist sage ich deshalb: »Wie Sie mir erzählt haben, war Ihr Mann (oder Ihre Frau, Ihr Vater oder wer auch immer) sehr großherzig ...« Das lässt Raum, dass jemand anders eine andere Meinung haben kann. Oder ich fange das gleich zu Anfang auf, indem ich sage: »Eigentlich könnte jeder von Ihnen besser hier stehen als ich, weil Sie den Verstorbenen besser kannten.«Doch letztlich soll die Predigt ja gar keine Laudatio auf das Leben des Verstorbenen sein, sondern einerseits die Trauer der Menschen aufgreifen und andererseits Hoffnung vermitteln.

Die richtigen Worte gefunden

Ein Beispiel dafür, wie das in herausragender Weise gelingen kann, selbst in einer wirklich sehr schwierigen Trauer-Situation, ist für mich die Predigt, die unser Kölner Erzbischof Rainer Maria Woelki am 17. April 2015 im Kölner Dom gehalten hat bei der Trauerfeier zum Gedenken an die Opfer des Flugzeugabsturzes der Germanwings-Maschine 4U 9525 und die ich hier deshalb in voller Länge zitieren möchte. Er sagte:

»Liebe Schwestern, liebe Brüder, unwiederbringlich ist jeder Moment unseres Lebens. Gerade noch erlebt und geteilt, wird auch diese Trauerfeier heute Mittag bereits lebendige Geschichte sein, Teil des Lebens nach dem Unglück, nach dem schrecklichen Einschnitt, den dieses Ereignis vor allem für Sie, liebe Angehörige und Freunde all derjenigen bedeutet, die am 24. März um ihr Leben gekommen sind.

Jede und jeder von Ihnen, aus so vielen Ländern, in denen Menschen Menschen verloren haben, ist sicher auf ganz unterschiedliche Weise verzweifelt, tief traurig oder gar versteinert vor Schmerz. Bloße Worte sind zu schwach, Sie zu trösten. Aber dass wir alle hier sind, und dass auch so viele Menschen in diesem Moment durch die Medien mit uns zusammen Ihnen unser menschliches Mitleid und Beileid zeigen wollen, das soll Ihnen Trost sein, dass Sie nicht allein sind in diesen Stunden der Einsamkeit.

Mein Gott, mein Gott, warum hast du mich verlassen! Vielleicht werden das einige von Ihnen gedacht haben, wenn

Sie überhaupt an Gott glauben. Natürlich gibt es die Erinnerungen an die geliebten Menschen, und es ist gut, diese kostbaren Erinnerungen wachzuhalten. Aber gibt es mehr als diese Erinnerungen? Wir Christen glauben das. Wir glauben an das Ewige Leben. Nicht an ein unendliches Leben, das nach dem Tod einfach so weiterläuft. Nein! Wir glauben an das Ewige Leben, das die Zeit außer Kraft setzt, das über den Tod hinausgeht, aber das wir schon in diesem Leben erfahren können. Sie alle werden sich an Momente mit Ihren Lieben erinnern, die von einer Intensität und Intimität waren, die unzerstörbar ist. Und wir Christen, wir glauben, dass die Summe dieser Momente in Gottes Hand aufbewahrt ist – für immer. Wir glauben, dass diese 150 Menschen nicht verschwunden und nicht ins Nichts gegangen sind, als sie aus der Welt geschieden sind.

Kann man das glauben? In diesem Jahr habe ich mit ganz besonderer Aufmerksamkeit und besonderer Intensität den Karfreitag begangen. Und als dann beim Vortrag der Leidensgeschichte Jesu dessen Ausruf kam ›Mein Gott, mein Gott, warum hast du mich verlassen!‹, da habe ich besonders an Sie gedacht, liebe Angehörige und Freunde, denn Ihnen ist ja das Liebste in Ihrem Leben genommen worden. ›Mein Gott, mein Gott warum hast du mich verlassen‹, das ruft nicht irgendwer. Jesus Christus ist es, der das ruft, der Sohn Gottes. Er leidet unschuldig – nicht scheinbar, sondern wirklich. Er hat sich das nicht ausgesucht. Er leidet aus Liebe. Wie Sie.

Ist es wirklich ein Trost für uns Menschen, dass Gott selbst mit unserem Leid mitleidet? Gott ist die Liebe, so sagen wir Christen. Und ist es nicht gerade die Liebe zu unseren Liebsten, die unser Leid so schmerzlich macht, aber die uns auch die Kraft gibt, es zu ertragen? Stark wie der Tod ist die Liebe, heißt es im Alten Testament. Die Liebe ist stärker als der Tod, glauben wir Christen. Die Liebe – sie bleibt. Hier stehe ich nun also: als Mensch, als Christ, als Erzbischof von Köln, und ich habe keine theoretische Antwort auf das schreckliche Unglück vom

24. März 2015. Aber ich kann auf die Antwort zeigen, an die ich selbst glaube, die meine Hoffnung ist: auf den mitleidenden Gott am Kreuz, und ich kann zeigen auf die Auferstehung, auf Ostern, auf das ewige Leben. Das verkündeten die Apostel, wie wir gerade hörten, und in diesem Glauben versammeln sich Christen seit mehr als 1 600 Jahren Tag für Tag genau hier an dieser Stelle in Köln, an der jetzt dieser Dom steht, in dem auch wir in dieser Stunde zusammengekommen sind.

Wir befinden uns damit also an einem Ort, an dem Menschen seit Jahrhunderten füreinander und miteinander gebetet haben und das bis heute so weiter tun, getragen von der Hoffnung, dass es ein Leben nach dem Tod gibt – für alle unsere Verstorbenen. Ich möchte Sie deshalb einladen – auch und gerade, wenn Sie nicht beten können oder nicht beten wollen, weil Sie es vielleicht nie gelernt haben, oder weil es Ihnen durch den Verlust des geliebten Menschen im Moment nicht möglich zu sein scheint – ich möchte Sie einladen, hier und jetzt sich tragen zu lassen von all denen, die für Sie und mit Ihnen für Ihre Lieben beten.

Das Band des Miteinanders – wie es unser Bundespräsident so einfühlsam bezeichnete – dieses Band des Miteinanders, das in den Tagen nach dem Unglück in Gottesdiensten und Trauerbekundungen und durch die Solidarität so vieler Menschen über Grenzen hinweg entstanden ist, ist ein Band, das ins Leben zurückführen will. Denn der Mensch lebt nicht vom Brot allein ... Menschlichkeit und Annahme genau dort, wo die Trauer Menschen versteinern lassen will – Menschlichkeit und Annahme sind das, was wir Menschen einander schenken können: durch Zärtlichkeit und Zuwendung, durch Zuhören und Zutrauen.

Persönlich bin ich davon zutiefst überzeugt: Wenn wir einmal selbst unsere Augen schließen werden, dann werden wir auf ewig mit unseren Lieben gemeinsam sehen, dass Gott alle Tränen abgewischt hat, und dass die eigene einzigar-

tige Welt jedes einzelnen Menschen, sein erster Kuss und ihr
erster Schnee, seine Hoffnungen und seine Narben, niemals
dem Vergessen preisgegeben, sondern von Gott auf ewig auf-
gehoben, gehütet und beschützt sind. Denn: Er bewahrt das
Andenken – an unsere Angehörigen und dereinst auch an uns
selbst. Ganz sicher. Amen.«

Starke Worte! In genau diesem Sinne glaube ich auch, dass
es ein Leben nach dem Tod gibt – für all die Menschen,
die ich schon beerdigt habe, für meine Mama und alle
anderen Familienangehörigen, Freunde und Bekannte,
die gestorben sind: Das, was sie ausgemacht hat, ist nicht
verloren! Wie es im Johannes-Evangelium heißt: »Denn
Gott hat die Welt so sehr geliebt, dass er seinen einzigen Sohn hingab, damit jeder, der an ihn glaubt, nicht
zugrunde geht, sondern das ewige Leben hat.« (Johannes
3,16) Aus Liebe sind wir dazu berufen, ewig bei Gott zu
sein. In ihm wird es ein Wiedersehen geben – und das wird
mehr sein, als es hier jemals gewesen ist: für immer und
aufgehoben in der vollkommenen Liebe. Alle Vorstellungen, die wir uns vom Himmel machen können, sind so
begrenzt, so langweilig ... ich denke, das wird eine Rie-
sen-Überraschung! Das können wir uns jetzt einfach noch
nicht vorstellen. Ewigkeit – allein das sprengt mir doch
schon den Kopf, wenn ich es zu erfassen versuche. Und
ewiges Glück? Glück kann es doch nicht als Dauerzustand
geben? Ich vertraue einfach darauf: Wenn wir das andere
Leben erreicht haben, dann werden wir uns über so etwas
einfach keine Gedanken mehr machen müssen.

All das ändert aber nichts daran, dass ich einen geliebten Menschen, der gestorben ist, im Hier und Jetzt ganz
furchtbar vermissen kann. So verstehe ich auch das Wort
des Apostels Paulus, dass wir als Christen nicht zu trauern brauchen wie die, die keine Hoffnung haben (Römer

4,13). Man kann und darf beides: Hoffnung haben und trauern! Ich persönlich vermisse meine Mutter nach wie vor jeden Tag. Und manchmal sind es ganz unerwartete Situationen, die einem nochmal so richtig mit Wucht in die Magengrube hauen. Ich erinnere mich zum Beispiel daran, wie ich im Herbst 2014 in Assisi war. Ich bin dort in ein Geschäft gegangen, in dem es schöne Sachen aus Holz zu kaufen gab, und habe bei irgendetwas nach dem Preis gefragt. Die junge Frau an der Theke hat sich daraufhin umgedreht und in einen hinteren Raum gerufen: »Mama, komm mal!« Mir hat das völlig unvermittelt die Tränen in die Augen getrieben, weil mir in dem Moment bewusst geworden ist: Ich kann nie mehr nach meiner Mutter rufen, wenn ich etwas nicht weiß. Und für die junge Frau war es eine solche Selbstverständlichkeit!

Lernen, mit Wunden zu leben
Man sagt ja: »Die Zeit heilt alle Wunden.« Ich glaube eher: Mit der Zeit lernt man, mit allen Wunden zu leben. Allerdings nimmt der Tod einem, so wie ich es erfahren habe, nicht die Nähe weg zu einem geliebten Menschen, sondern verändert sie nur. Oft fühle ich mich meiner Mutter heute sogar näher als früher. Total hängen geblieben ist bei mir ein Satz aus der Beileidskarte von Weihbischof Dominikus Schwaderlapp. »Wenn Mütter sterben«, so schrieb er mir, »dann holt Gott sie zu sich, damit sie vom Himmel aus noch mehr für uns tun können.« Es klingt vielleicht verrückt, aber genau so habe ich es erfahren. Rund vier Wochen, nachdem meine Mutter gestorben war, stand für mich eine Fahrt nach Polen an zum Jugendtreffen in Lednica. Die Fahrt für Jugendliche aus dem Oberbergischen Kreis und aus Wuppertal hatte ich als Vortour zum Weltjugendtag geplant. Nun stand mir allerdings nicht der Sinn danach, und ich habe wirklich mit mir gerungen,

ob ich die Fahrt nicht aus persönlichen Gründen absagen sollte. »Mama, was soll ich tun? Was würdest du mir raten?«, habe ich gefragt. Daraufhin habe ich den Impuls verspürt, auf ihre Facebook-Seite zu schauen, die wir übrigens bis heute nicht gelöscht haben. Und was sah ich dort? Ihre letzte Aktion war die »Ich nehme teil«-Zusage zur Lednica-Fahrt gewesen. Wohlgemerkt: Meine Mutter hat sonst nie irgendwelche Einladungen zu meinen Fahrten angenommen! Für mich war das ein klares Zeichen, dass sie möchte, dass ich nach Polen fahre.

Eine Woche, bevor es losgehen sollte, kam mir spontan die Idee, es wäre toll, wenn unsere Gruppe Kardinal Stanisław Dziwisz treffen könnte, den Erzbischof von Krakau, der lange Jahre Sekretär von Johannes Paul II. gewesen ist. Aber natürlich ist eine Woche viel zu knapp, um so ein Treffen zu planen. Beim Erzbischof ruft man nicht mal eben an und sagt: »Ach übrigens, wir kommen Mittwoch vorbei.« Ich habe deswegen gedacht: »Wenn du willst, dass wir das machen, Mama, dann musst du das vom Himmel aus regeln.« Und in der Sekunde – wirklich ungelogen – klingelt mein Telefon und der polnische Kaplan ist dran, mit dem ich die Reise geplant habe. »Du, Norbert«, sagt er, »ich bin hier gerade im Erzbischöflichen Palais, und da kam mir die Idee, ob wir nicht vielleicht ein Gespräch mit Kardinal Dziwisz arrangieren könnten. Ich hab mal gefragt, und er wäre tatsächlich bereit, unsere Gruppe zu empfangen, aber er kann nur am Donnerstag zwischen 12 und 13 Uhr.« Was soll ich sagen? Die einzige Lücke, die wir in unserem wirklich vollgestopften Programmplan hatten, war Donnerstagmittag zwischen 12 und 14 Uhr. – So haben wir genau einen Monat nach der Beerdigung meiner Mutter bei der Tour auf den Spuren von Johannes Paul II. den Mann treffen dürfen, der fast 40 Jahre sein persönlicher Sekretär war. Ein tolles Erlebnis!

»Reiner Zufall«, werden wahrscheinlich viele sagen. Aber in der folgenden Zeit habe ich so viele solcher »Zufälle« erlebt, dass ich nicht anders kann, als an göttliche Fügung zu glauben und daran, dass meine Mutter vom Himmel aus für mich da ist. Ob es die Tatsache ist, dass ich für den Tag des Sechswochenamtes im Dienstplan für meine Heimatkirche eingetragen war, obwohl ich da nur dreimal im Jahr sonntags zur Messfeier eingeteilt bin. Ob es der Anruf von Freunden war, die mir sagten: »Wir haben uns überlegt: Bis du das neue Auto bekommst, kannst du einen von unseren Dienstwagen haben. Komm und hol ihn dir ab, wann es dir passt«, genau in dem Moment, als ich mich mit meiner alten Kiste aufgemacht hatte, um nach Chevetogne zu fahren und die Karre hinter Overath anfing, Geräusche zu machen, als hätte nun definitiv ihr letztes Stündchen geschlagen. Und immer wieder Gottes Wort, das in meinem Leben plötzlich lebendig wurde. Etwa an dem Tag, als meine Oma nach drei Monaten in Deutschland zurückfuhr nach Polen und ich im Tagesevangelium von Marias Besuch bei ihrer Verwandten Elisabeth las, über den es am Ende heißt: »Und Maria blieb etwa drei Monate bei ihr; dann kehrte sie nach Hause zurück.« (Lukas 1,56)

Zum 24. Januar 2015, dem Tag, an dem meine Mutter sechzig geworden wäre, habe ich bei Facebook geschrieben: »Heute wäre meine Mutter 60 Jahre alt geworden! Wie sehr habe ich es mir gewünscht, ihren 60. Geburtstag mit ihr feiern zu dürfen. So vieles hätte ich dafür gegeben. Aber Gott hat es anders gefügt. Ich könnte nun wütend auf Gott sein, doch ich bin es nicht! Nicht von Berufs wegen, sondern von Herzen. Ich bin ihm einfach nur dankbar, dass Gott mich mit der besten Mutter gesegnet hat, die ich mir vorstellen kann. Ich bin einfach nur dankbar, dass sie mir und meinen Geschwistern das Leben geschenkt hat, dass sie mir immer geholfen hat, mein Leben nicht nur zu leben, sondern zu lieben, dass sie mich gelehrt hat, nie aufzugeben, und dass sie mir durch so viele ihrer Worte und Taten das Gefühl gab, geliebt zu sein. Ich weine manchmal um sie, aber ich weine mehr um die, die nie das Glück erfahren durften, so bedingungslos geliebt zu sein. Trauriger als der Tod ist die Abwesenheit von Liebe. Denn wer liebt, sieht Licht, wo andere nur Dunkelheit sehen; wer liebt, sieht Erlösung, wo andere nur Zerstörung erblicken.«

Ich bin unendlich froh, dass zwischen mir und meiner Mutter nichts offengeblieben ist. Mit einem »Hätte ich doch nur …« oder »Ich wollte doch noch …« weiterleben zu müssen, stelle ich mir sehr schwer vor. Diese Lektion, Sachen, die einem wichtig sind, nicht auf die lange Bank zu schieben, weil das Leben einfach viel zu schnell vorbei sein kann, habe ich schon früher gelernt durch den Tod von zwei anderen, mir weniger nahestehenden Menschen. Zum einen war es die Nachricht vom Tode Papst Johannes Pauls II., die mich tief erschüttert und in dem Gefühl zurückgelassen hat, etwas versäumt zu haben (siehe Kapitel 3). Zum anderen war es der Tod von Michael Jackson, den ich bewundert habe für seine Kreativität und seine Extravaganz. Ich weiß noch genau, dass ich im Auto auf der Rückfahrt von Polen nach Hause war, als ich von seinem Tod erfahren habe, und dass ich an der nächstbesten Stelle angehalten habe, weil ich erst einmal durchatmen musste. Zu gerne hätte ich diesen Ausnahme-Musiker einmal live erlebt. Dabei hätte ich in den 90er-Jahren sogar die Gelegenheit dazu gehabt – zweimal ist er in Köln gewesen: 1992 auf der Dangerous World Tour und 1997 auf der History World Tour. Und ich bin nicht dort gewesen! Das war mir im Nachhinein eine echte Lehre in »Nutze den Tag« und vertage das, was dir wichtig ist, nicht auf »Wenn es besser passt«, »Wenn ich mehr Geld habe« oder »Wenn was auch immer anders ist«. Heute ist der Tag! Jetzt ist der Moment! Oder wie ich es in einem Poetry-Slam formuliert habe: »Nutze den Tag und wag, nach mehr zu streben, als dir scheinbar gegeben. Lebe im Heute und hör nicht auf die Leute, die nur im Gestern leben, an Erinnerungen kleben oder von der Zukunft träumen und dabei ihr Leben hier und heute zu leben versäumen. Nutze den Tag und frag dich täglich: Lebe ich oder werde ich gelebt? Lebe ich das Leben, das mir vorschwebt? Oder bin ich gefangen in meinen engen Zwängen, die mich bedrängen, dies und das zu tun, anstatt in mir selbst zu ruhn? Carpe diem – nutze den Tag, das ist es, was ich dir sag.«

Ich finde: Gerade weil unsere Zeit auf der Erde endlich ist und weil keiner weiß, wann er sterben wird, sollte man das Leben in vollen Zügen genießen und sich freuen an allem, was gut und schön ist. Jesus sagt schließlich: »Ich bin gekommen, damit sie das Leben haben und es in Fülle haben.« (Johannes 10,10) Damit meine ich nicht die »Yolo«-Einstellung mancher Jugendlichen, denen die Erkenntnis »You only live once« (»Du lebst nur einmal«) ein Freifahrtschein ist, sich blind auf Kosten anderer zu amüsieren – ohne Rücksicht auf Verluste, ohne Rücksicht auf ihre Mitmenschen, ohne Rücksicht auf die eigene Gesundheit ... Nein, aus dem Tod resultiert für mich nicht nur das Gebot »Freue dich des Lebens«, sondern auch »Wertschätze das Leben« – deines und das deiner Mitmenschen. Lebe nicht auf Kosten anderer, sondern mit ihnen und für sie. Je länger ich darüber nachdenke, desto überzeugter bin ich, dass das der tiefste Sinn des Lebens ist: zu lieben und geliebt zu werden. Wir sind hier, um Gottes Liebe zu empfangen und um sie weiterzugeben.

NACHWORT

Seit vielen Jahren träume ich schon davon, ein Buch über meine Erfahrungen mit Glauben und Kirche zu schreiben, um andere Menschen damit zu motivieren, ihren Glauben auf ihre ganz eigene Art zu leben. Dass dieser Traum wahr werden konnte, dafür möchte ich zum Schluss ein großes Wort des Dankes aussprechen.

Zuallererst möchte ich meinen Eltern Irena und Andrzej Fink danken, die mir das Leben geschenkt haben und von denen ich viel für mein Leben lernen durfte. Es ist ein so großes Geschenk, überhaupt Eltern zu haben, und ein noch größeres, Eltern zu haben, die einen bedingungslos lieben und in der Liebe wachsen lassen. Danke Mama und Papa!

Danken möchte ich auch meinen Geschwistern Izabela, Christof und Daniel für alle Unterstützung, die ich durch sie erfahren durfte, sowie all meinen Mitbrüdern und Freunden, die mich bisher auf meinem Lebensweg begleitet und mein Leben bereichert haben. Vor allem möchte ich dabei jenen danken, die für mich stets aufrichtige Zeugen des Evangeliums waren und sind – ob sie nun namentlich in diesem Buch vorgekommen sind oder nicht. Schön, dass es euch gibt!

Ganz besonders danke ich Kathrin Becker, meiner Co-Autorin, die viele, viele Stunden im Gespräch mit mir verbracht hat und ohne die es dieses Buch nicht gäbe. Danke für deine Freundschaft seit 15 Jahren! Du kennst mich wie kaum ein anderer und begleitest meine Arbeit schon so lange, dass ich mir niemand anderen hätte vorstellen können, um meine Gedanken in Worte zu fassen, als dich. Danke für die tiefen Gespräche, die so vieles aus meinem Leben wieder in mir wachgerufen haben.

Ich danke auch dem Gütersloher Verlagshaus dafür, dass mir die Chance gegeben wurde, dieses Buch zu schreiben. Danke für die gute Begleitung bei dem ganzen Projekt und für allen Glauben, der in mich gesetzt wurde. Das Beste kommt zum Schluss. Das ist nicht nur der Titel eines wunderbaren Films, sondern ernst gemeint. Denn der größte Dank gilt immer meinem Gott: meinem himmlischen Vater, der mich ins Leben rief, Jesus Christus, der für mich Mensch wurde, aus Liebe für mich sein Leben hingab und von den Toten auferstand, und dem Heiligen Geist, der in mir wohnt und der mich inspiriert, auch das Unmögliche zu wagen und dabei stets auf Gottes Führung zu vertrauen.

Danke WELT, Danke KIRCHE, Danke GOTT!

Norbert Fink

Für alle Lebensliebhaber bietet das Gütersloher Verlagshaus Durchblick, Sinn und Zuversicht. Wir verbinden die Freude am Leben mit der Vision einer neuen Welt.

UNSERE VISION
EINER NEUEN WELT

Die Welt, in der wir leben, verstehen.

Wir sehen Menschlichkeit als Basis des Miteinanders: Mitgefühl, Fürsorge und Beteiligung lassen niemanden verloren gehen. Wir stehen für gelingende Gemeinschaft statt individueller Glücksmaximierung auf Kosten anderer.
....

Wir leben in einer neugierigen Welt: Sie sucht ehrgeizig und mitfühlend Lösungen für die Fragen unseres Lebens und unserer Zukunft. Wir drücken uns nicht vor unbequemen Wahrheiten – auch wenn sie uns etwas kosten.
....

Wir leben in einer Gesellschaft der offenen Arme: Toleranz und Vielfalt bereichern unser Leben. Wir wissen, wer wir sind und wofür wir stehen. Deshalb haben wir keine Angst vor unterschiedlichen Weltanschauungen.

**Das Warum und Wofür
unseres Lebens finden.**

**Erfahren, was uns im Leben
trägt und erfreut.**

**Wir helfen einander,
uns selber besser zu verstehen:**
Viele Menschen werden sich erst
dann in ihrem Leben zuhause
fühlen, wenn sie den eigenen We-
senskern entdecken – und Sinn in
ihrem Leben finden.

....

**Wir ermutigen Menschen, zu ihrer
Lebensgeschichte zu stehen:**
In den Stürmen des Alltags geben
wir Halt und Orientierung. So
können sich Menschen mit ihren
Grenzen aussöhnen und zuver-
sichtlich ihr Leben gestalten.

....

**Wir haben den Mut, Vertrautes
hinter uns zu lassen:**
Neugierde ist die Triebfeder eines
gelingenden Lebens. Wir wagen
Neues, um reich an Erfahrung zu
werden.

**Wir glauben an die Vision
des Christentums:**
Die Seligpreisungen der Bergpre-
digt lassen uns nach einer neuen
Welt streben, in der Vereinsamte
Zuwendung, Vertriebene Zuflucht,
Trauernde Trost finden – und
Gerechtigkeit, Barmherzigkeit
und Frieden herrschen.

....

**Wir geben Menschen die
Möglichkeit, den Glauben (neu)
zu entdecken:**
Persönliche Spiritualität gibt
Kraft, spendet Trost und fördert
die Achtung vor der Schöpfung
sowie die Freude am Leben.

....

**Wir stehen mit Respekt vor
der Glaubenserfahrung anderer:**
Wissen fördert Dialog und Verständnis, schützt vor Fundamen-
talismus und Hass. Wir wollen
die Schätze anderer Religionen
kennenlernen, verstehen und respektieren.

GÜTERSDIE
LOHERVISION
VERLAGSEINER
HAUSNEUENWELT

Bibliografische Information der Deutschen Nationalbibliothek

Die Deutsche Nationalbibliothek verzeichnet diese Publikation
in der Deutschen Nationalbibliografie; detaillierte bibliografische
Daten sind im Internet über https://portal.dnb.de abrufbar.

Verlagsgruppe Random House FSC® N001967

1. Auflage
Copyright © 2017 Gütersloher Verlagshaus, Gütersloh,
in der Verlagsgruppe Random House GmbH,
Neumarkter Str. 28, 81673 München

Der Verlag weist ausdrücklich darauf hin, dass im Text enthaltene externe
Links vom Verlag nur bis zum Zeitpunkt der Buchveröffentlichung eingesehen
werden konnten. Auf spätere Veränderungen hat der Verlag keinerlei Einfluss.
Eine Haftung des Verlags ist daher ausgeschlossen.

Umschlaggestaltung: Gute Botschafter GmbH, Haltern am See
Umschlagmotiv: © privat
Druck und Bindung: GGP Media GmbH, Pößneck
Printed in Germany
ISBN 978-3-579-08665-1

www.gtvh.de